给40岁后更好的自己

[日]堀川波 著

卓惠娟 译

北京日报出版社

图书在版编目（CIP）数据

给40岁后更好的自己 / (日)堀川波著；卓惠娟译
. —— 北京：北京日报出版社, 2022.4
ISBN 978-7-5477-4245-7

Ⅰ. ①给… Ⅱ. ①堀… ②卓… Ⅲ. ①女性 – 成功心
理 – 通俗读物 Ⅳ. ①B848.4-49

中国版本图书馆CIP数据核字(2022)第034550号

著作权合同登记 图字：01-2022-0228号

45 SAI KARA NO JIBUN WO DAIJI NI SURU KURASHI
© NAMI HORIKAWA 2018
Originally published in Japan in 2018 by X-Knowledge Co., Ltd.
Chinese (in simplified character only) translation rights arranged with
X-Knowledge Co., Ltd. TOKYO,through East West Culture & Media
Co., Ltd, TOKYO.

给40岁后更好的自己

责任编辑：史 琴
助理编辑：秦 姚
监　　制：黄 利　万 夏
特约编辑：曹莉丽　鞠媛媛
营销支持：曹莉丽
版权支持：王秀荣
装帧设计：紫图装帧
出版发行：北京日报出版社
地　　址：北京市东城区东单三条8–16号东方广场东配楼四层
邮　　编：100005
电　　话：发行部：（010）65255876
　　　　　　总编室：（010）65252135
印　　刷：艺堂印刷（天津）有限公司
经　　销：各地新华书店
版　　次：2022年4月第1版
　　　　　　2022年4月第1次印刷
开　　本：880毫米×1230毫米　1/32
印　　张：4.5
字　　数：89千字
定　　价：56.00元

前言
成为自己的自由

40 岁以后，育儿和生活的压力正要稍微减轻，但随之而来的是，看不清自己 50 岁、60 岁甚至 70 岁的未知与茫然。这是一种身为母亲和妻子的不安，担心自己与社会的连结变弱了，活动范围变小了。

翻开年轻时的日记，上面写着"自己才是人生的主角"。回过神来，发现在生活上总是把自己放在最后一位。孩子生病时，就算跟公司请假也要带孩子去医院，自己的体检计划却一拖再拖。虽然有想学的才艺，却还是以孩子上补习班为先。旅行也是选择父母想去的地点，而不是自己心里的第一选择。即使如此仍然感到很满足。

当下的我认为这才是身为母亲、妻子、女儿和儿媳该做的，也觉得很幸福。家庭内，愉快、开心的事情当然很多，就算家人有时生气地说"妈妈只想着自己，没有把我们的事情放在心上"，也总是觉得"我没关系，大家加油"。对我来说，我是真心把自己的事情放在最后一位。

当孩子大了，经济稍微宽裕了，我反而对自己的身体状况、工作和家人产生了不安。不再是家庭核心的我，这样下去可以吗？我开始问自己：

我真的没有与社会脱节吗？

我是不是孤单一人？

所以，我决定拓展新视野、寻找新兴趣，找回全新的自己。首先要改变现有的生活方式，让心态变得更积极，有勇气面对所有的担心和不安。虽然这些伴随着焦虑接踵而至，不过换个角度想，现在和未来也许是人生中最悠闲的时期。

正是因为过去积累了许多经验，所以大部分的事情都有能力设法克服。好久没有真正拥有属于自己的时间了，内心有一种"终于来了"的期待感，但有可能因独处带来的寂寞而发生一些动摇。

以后就把这样的从容用在自己身上吧！为了缓慢悠闲地走向只属于自己的 50 岁、60 岁，现在就要找到自己能做的事。我把那些可以改变的、不想再做的、将要做的事情全部列出来，整理成这本书。内容包括"要是能早点开始就好了"的懒人生活术、想要培养的新习惯、一直想做且终于做到的事，以及"做了真好"的人生新体验等，非常广泛。

或许现在对我来说最必要的是，为自己跨出一步的勇气。就像年轻时一样，成为自己人生的主角吧！

堀川波

通过 48 个 Check 成为更好的自己

比起其他优先事项、该做的事、想做的事，最应该做的是花点时间看看自己。
现在就开始多关心自己吧。

- 最近有照镜子看看自己的身体吗？
- 下次准备什么时候剪头发？
- 亲友生日时准备什么礼物呢？
- 有过从种子开始栽培植物的经历吗？
- 今天喝了多少水？
- 睡前是否做了深呼吸？
- 平时有清洁浴室墙壁及地板的习惯吗？
- 如果给你一本新的笔记本，你会写什么？
- 用过咖啡色的睫毛膏吗？
- 是否尝试过不带手机出门？
- 手机里是否保存着大量不需要的照片？
- 有没有一年以上没使用过的化妆品？
- 你知道现在当季的鱼是什么吗？
- 是否还在坚持防晒？
- 有没有随时注意仪容姿态？
- 有与你年龄差距大的朋友吗？
- 今天走了多少步呢？
- 今年预约体检项目了吗？
- 现在有多少想要的东西？
- 今天和几个人说过话？
- 有哪些你想做却一再延后的事？
- 最近有没有去电影院看电影？
- 从童年时就一直很喜爱的东西是什么？

- 是否学过化妆？
- 你知道哪些按了就会很舒服的穴位？
- 下一次生日想要什么礼物？
- 仔细听过肚子叫的声音吗？
- 有用牙线的习惯吗？
- 是否向往某个人的生活方式？
- 想要深入学习、研究的兴趣爱好是什么？
- 哪里是你一直很在意、很想整理的地方？
- 你知道昨天的月亮是什么形状吗？
- 今天发自真心地大笑了吗？
- 脚底是否很粗糙？
- 现在用的沐浴乳或香皂适合你吗？
- 什么香味能让你身心放松呢？
- 比起十年前，体重有变化吗？
- 最近给父母打过电话吗？
- 是否挑战过新菜色？
- 有控制食量和饮酒量的打算吗？
- 想和谁一起去旅行？
- 有哪些不想做的家务？
- 身体柔软度和五年前一样吗？
- 最后一次写信是什么时候？
- 遇到讨厌的事情时，会忍耐不吭声吗？
- 现在喜欢你的人有谁？
- 十年后的家人会改变吗？
- 家中有可以让你感到放松的地方吗？

现在是开始改变的时候了。

慢慢脱离"母亲"这个角色

孩子初中毕业后，需要为他操心的事渐渐少了。虽然学业和经济方面还需要家庭支持，但是孩子的关注点会从家庭转向社会。

可以放心依赖父母的时光也只剩下这几年了吧？之后的我会不会产生职业倦怠（burnout）呢？还是会因为太过拼命而失去平衡呢？焦躁和不安与日俱增，有时我会安慰自己"反正还是很久以后的事"。

几乎被家务及育儿填满的生活，总有一天会迎来重新审视的机会。只不过，并不知道究竟是何时，要是猝不及防就糟了。

既然这样，先从做得到的事情开始，如果有想放手的、想改变的，就从起心动念的此时此刻做起。或许现在就是为孩子离巢做准备的最佳时期。

再次环顾家里，想起过去几乎独自扛起来的家务，有很多我觉得

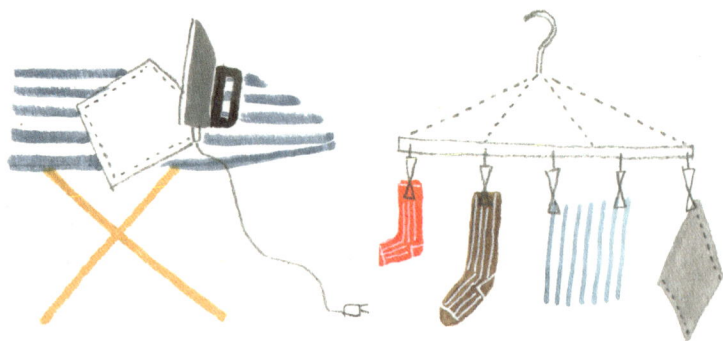

"差不多可以不用做了""想换更轻松的方法来做"的事。理由有很多，我的体力日渐变差、已经不再需要陪着孩子成长，或是原本就没什么效果的事却一直持续着。

当然，很多事没有办法停。肚子饿了总得吃饭，买菜下厨、洗衣服收拾等，只要活着就会有家务。因此，既要健康地生活，也要心情愉快地料理家务。

重新审视做家务的方法和频率的时候已经到了。孩子各自成家立业后，我将开始调整自己的节奏，过属于自己的生活。

||||||||||||||||||||||||||||||||||||||||||||||||||||||||||||||||||||||||||||||||||||||||||||||

尝试思考

·下厨的频率、方式
·打扫的工具、方法
·是否有想要交给孩子的物品、想传递给孩子的智慧？
·理想中的居家环境是什么样的？
·偶尔偷懒也没关系吗？

←细节请参考第一章（P1）

现在的身体状态如何

　　30岁以后，我们的身体开始发生变化，但过了40岁，感觉又大不相同。视力、体力、肌肤、头发、牙齿等都开始变差，简直不胜枚举。与其抗拒，现在我反而已经接受了这样的变化，不再感到焦虑。

　　但即使身体状态走下坡路也不能放弃，要尝试找出适合现在的新方法。人们常说"病由心生"，但是反过来也是成立的，健康状况良好，心情也能受影响。正是因为身心息息相关，所以更应该提早保养。

　　我天生就怕麻烦，不喜欢散步也不喜欢运动，所以年轻时这些能避免就避免。后来和同龄的朋友见面时，大家都说在练瑜伽。于是我抱着尝试的心态，先报了一节体验课。

　　尝试后的第二天，原本像铅块般笨重的身体竟然变得轻盈了。肌

肉得到充分伸展，四肢的伸展范围也变得更大了。

没想到才一天就这么有效果，这让我变得更加积极，也因身体的改变而感动，立马就迷上了练瑜伽。现在我每星期去1次，每次练习1个小时，再加上距离不远，骑自行车就可以到瑜伽教室，即使像我这样三分钟热度的人也能一直坚持下去。

我一直在坚持练瑜伽，每次都会惊喜地发现身体的某个部位能够舒服地舒展，就像把家中各个角落都打扫得干干净净一样。所以我跟朋友说："说不定能因此减少未来的医疗费用呢！"

尝试思考

· 选择适合肌肤的香皂、洗发水、染发剂
· 看电视但不会导致视力下降的方法
· 让身体保持健康的方法
· 焦虑时，让自己冷静下来的方法
· 健康的减肥方法

←细节请参考第二章（P43）

享受打扮、化妆的乐趣吗

到目前为止我出版过 4 本时尚穿搭方面的书。过了 40 岁，以前的衣服总觉得不太合适了。有时就连穿搭方便的连衣裙，穿起来也感觉像是熟悉的陌生人。

打扮是取悦自己的事情，与年龄无关。穿搭的意义并不是重拾女人味，而是体会挑选衣服时那种欢欣和雀跃的感觉。我对自己的喜好已经十分清楚，也不再维持以往的穿搭风格了。比如，从年轻时就一直喜爱的品牌，已经不适合现在的年龄了；绑发的位置不对，就会显得脸色暗淡。

现在的我，比年轻时更能客观地评价自己，同时也会参考家人或店员的意见。从别人的角度来评价自己就会有新的发现，穿搭风格也越来越多元化。

虽然极简风格的衣服搭配起来很轻松，但我现在反而更享受偶尔做新衣服的愉悦感。增添一件喜爱的单品并留意与之相配的妆容和发型，是一件很开心的事。

现在可以自行网购美妆、美甲工具，自己在家能做的项目也越来越多了。女儿还会告诉我最新的美妆资讯，跟上潮流的同时，我仍然保留原来的穿衣风格，并保持着清爽感。

现在的我才懂的事

・现在适合的穿衣风格
・一些小配饰能让人显得更加干练
・佩戴手工饰品的注意事项
・浓妆反而会凸显脸部缺点
・身体健康比什么都重要

←细节请参考第三章（P71）

每天都充满好奇心吗

我也想过，"如果有一天孩子们完全独立了，我该怎么办？"养育子女虽然十分辛苦，但也乐此不疲。我曾和一位有孙子的女性聊天，她说照顾孙子和养育子女的乐趣是不一样的。

孙子虽然可爱，却不能随心所欲，想怎么做就怎么做，总是有一种暂时托管的感觉。但无论是谁，做父母时都会把精力全心全意投入到孩子身上。想到自己将近一半的人生都是以孩子为中心的，心中不免感慨万千。与此同时，我也想着等两个孩子都长大了，我就为自己庆祝，祝贺自己迈入人生新阶段。希望那时的自己，可以找到比育儿更热衷的事情。

最近和数十年没见的朋友边喝茶边聊天，顺便谈了谈自己的梦想。思考着想要再次尝试的兴趣爱好，想象着 5 年后的自己，我仿佛

看到了理想生活的模样。现在的我希望能定期开设季节性手工制作课，虽然这只是宛如童话般的想象，但它也是支撑我继续向前的强大力量。

人生中需要担心的事情层出不穷，但是现在更应该做的是，培养怀着好奇心去行动、即使小事也能乐在其中的能力。

这就是为未来的自己播种。与其想着还不够、想要更多，不如想想平日那些小事，我相信即使它们微不足道，也会成为"啊，今天也好幸福"的基础。

现在的我才懂的事

· 独自吃饭
· 丰富的夜间活动
· 多彩的网络世界
· 睽违 20 年的重逢
· 写家庭年表

←细节请参考第四章（P93）

1 家庭——从脱离"母亲"这个角色开始

2 身体——新的变化、新的保养

3 衣服——40 岁后的时尚与装扮

Staff

· 化妆品、营养品等使用感想纯属作者个人喜好。

4 好奇心——10 年后也实用的生活小妙招

家庭成员

我
47 岁的家庭主妇、插画家。

丈夫
上班族。平时很晚回家。
最擅长的家务是洗衣服。

女儿
19 岁（大一）。忙着旅行和打工。

儿子
14 岁（初二）。热衷于网络游戏。
有时会帮忙做家务。

家庭
—— 从脱离『母亲』这个角色开始

一餐三色就合格了

　　下厨稍微偷个懒也没关系。由于家人的生活方式发生了不同的变化，大家各自忙碌，回家的时间也不一样，每星期聚在一起吃晚饭的次数大约只有一两次。既然如此，日常下厨就无须大费周章，只需要注意营养均衡就好。

　　于是我定下"一餐三色"的原则。这个饮食习惯能均衡地摄取维生素、蛋白质、碳水化合物和脂肪等营养素，辅以精美的摆盘，很容易就能坚持下去。

　　比如说主菜的肉和饭添加叶菜类、彩椒，就能达成三色原则中的彩虹饮食法。若有菠菜或豆芽菜，稍微烫一下，再倒入牛肉粉和芝麻油拌均匀，就可以做出简单的韩式凉拌菜。

　　如果有胡萝卜、紫甘蓝、小黄瓜，用盐拌一下就可以做出三色配菜。我非常推荐用糙米（茶色）或紫米等代替白米，视觉上更有新鲜感。

　　近年来市面上增添了不少颜色罕见的蔬菜，如黄色胡萝卜、橘色白菜、紫色西蓝花等，做饭时注意色彩搭配，即使是和平时一样的食谱，也能做出新料理！

三菜一汤好累啊！

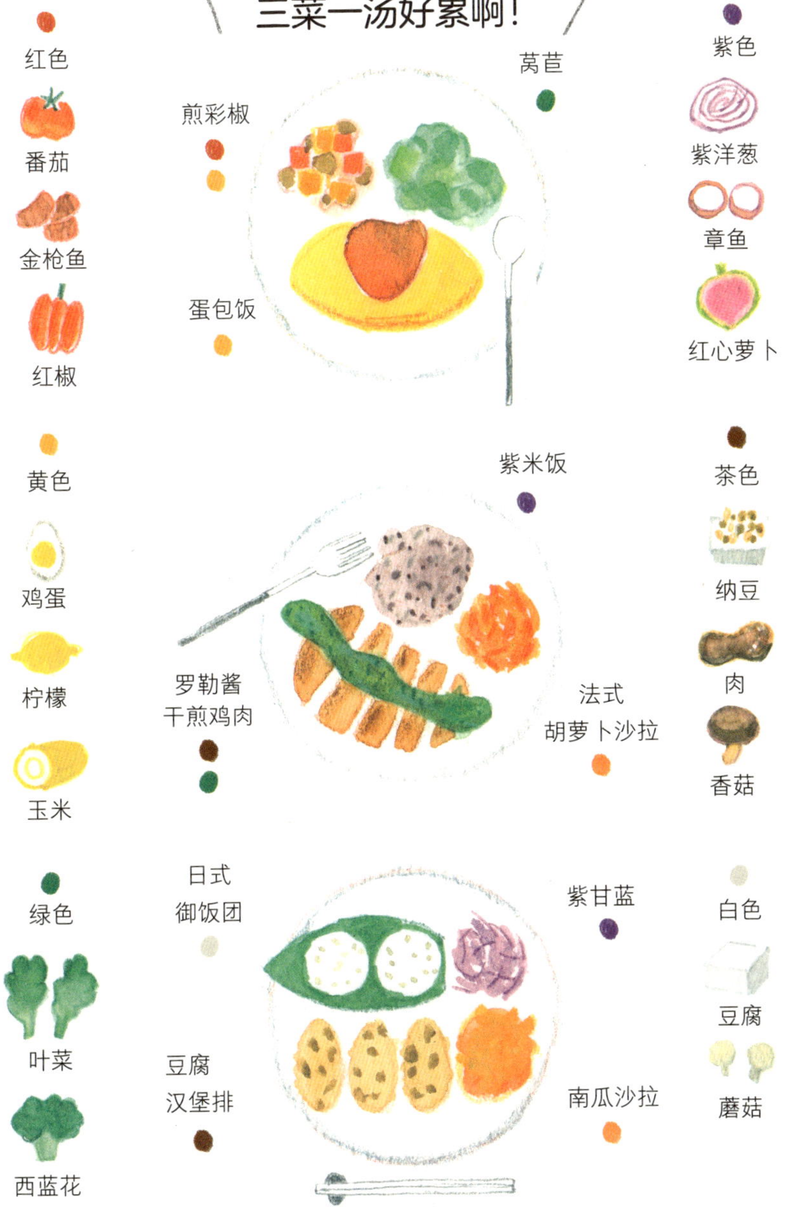

红色

番茄

金枪鱼

红椒

黄色

鸡蛋

柠檬

玉米

绿色

叶菜

西蓝花

煎彩椒

蛋包饭

莴苣

紫米饭

罗勒酱
干煎鸡肉

法式
胡萝卜沙拉

日式
御饭团

豆腐
汉堡排

紫甘蓝

南瓜沙拉

紫色

紫洋葱

章鱼

红心萝卜

茶色

纳豆

肉

香菇

白色

豆腐

蘑菇

心得▼▼▼做菜不必这么累！三色饮食法轻松又健康。

偶尔吃快煮餐也不错

我并不讨厌做菜，但每天都要烦恼"今天吃什么"却是种压力。压力经年累月地积累，能够坚持这么多年也并不容易。

所以我最近开始使用快煮餐（meal kit）的宅配服务，有韩式拌饭、韩国风味汤和番茄寿喜烧等，食材按一餐分量被分装到简易的组合包中。

快煮餐最大的好处就是，让我从菜单的烦恼中解放出来！虽然快煮餐一个月大概只能吃两次，但家人们非常喜欢，因为这让他们在家就能体验到外出聚餐的感觉。另外附赠的食谱也是加分项，读初中的儿子觉得它很有趣，因此还会帮忙下厨，连做菜的时间也缩短了。

以前也曾为了减少购物的麻烦，而订购可以送到家门口的蔬菜及肉类，但还是得费心想菜色，所以并没有特别轻松。快煮餐的服务正好适合我，还能学到新食谱，让人非常开心。

回家晚了也能在 20
分钟内做出两道菜，
真是太棒了！

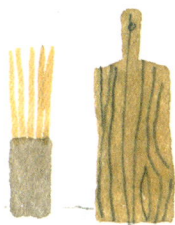

边喝啤酒边
轻松下厨

还附赠了食谱

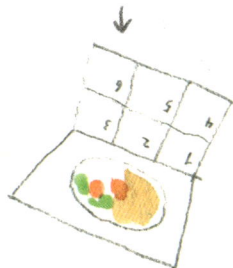

心得▶▶▶不再为食谱菜色烦恼，一整天都能心情愉悦。

教孩子做菜

我回家太晚或是太累没力气下厨时，孩子也能独自下厨是最理想的事。虽然他们也可以在外面吃或买便当回家吃，但读大学的女儿已经可以边看料理网站边学着做一些简单的料理了。问题是读初中的儿子，偶尔吃泡面是没关系，若要一直这样生活真是令人担心。

现在是"男性下厨也理所当然"的时代。为了拥有独处时

美奶滋是
美味的关键！

天津饭

在居酒屋吃到的美味料理，做法是请老板教我的。

1. 在小锅里倒入和风高汤，用酱油调味后，加入淀粉勾芡，酱汁就做好了。
2. 做出半熟滑蛋盖在米饭上，然后淋上大量的酱汁。
3. 最后再淋上美乃滋，撒上葱花就大功告成了。

小黄瓜鳗鱼盖饭

用豪华食材犒赏自己的盖饭。不需要用到燃气灶，也没有太多器具要洗。

1. 小黄瓜用盐揉搓出水静置。
2. 蒲烧鳗鱼用烤箱加热。
3. 把烤好的蒲烧鳗鱼和大量腌好的小黄瓜盛在饭上即可。

间，我希望他能多学会一些基本料理，而且做家务和健身一样，只要行动就能做到，持之以恒就能学会，所以我就先教他一些操作简单且能填饱肚子的食谱。

只要家里有鸡蛋就能做出的天津饭，现在他已经得心应手了。利用冰箱里的食材，10分钟就能搞定，做久了儿子也有了信心。小黄瓜鳗鱼盖饭、葱花金枪鱼盖饭，也是只要有食材，铺在饭上就能轻松完成的料理。

鸡松盖饭选择不同的食材，味道会有很大的差异，但绝对是一道能轻松完成的美味料理。最重要的是煮饭技巧——我家是用土锅煮饭，所以没办法像电饭煲一样一键搞定，于是我把米和水的比例以及掌控火候的要诀贴在冰箱上，孩子们只要照着做就能煮好。

葱花金枪鱼盖饭

加入芝麻油就能改变风味，即使偷懒也美味的盖饭。
1. 切葱花。
2. 把从超市买回的金枪鱼和芝麻油、葱花拌在一起。
3. 把2盖在饭上，撒上切碎的海苔就大功告成了。

鸡松盖饭

常见的便当菜色，家人熟悉的味道。
1. 以砂糖、酱油、姜汁拌炒肉末（把酱油换成鱼露，就能变成打抛肉）。
2. 炒蛋。
3. 炒青椒丝。
4. 把1、2、3盛在米饭上就完成了。

聚会料理也能巧妙偷懒

女儿节、端午节、万圣节、圣诞节，升入高年级、入学等庆祝活动，孩子还小的时候几乎每个月都有。

这几年聚在一起的活动大概就只剩过年和孩子们的生日了，便不再拘泥于在家庆祝或亲自下厨，随心所欲地安排。我的心态也从为孩子们做些什么或让他们玩得开心，转变成一起享受。

比如，赏樱时不带孩子，只带着零食点心到附近的公园轻松散步就很好。生日会也不再拼命准备丰盛大餐，而是直接买肉或牡蛎回家。儿子带朋友来家里时，通常都是举办章鱼烧派对，只要事先把材料准备好，料理时就不需要费太多工夫。使用薄木片餐盒充当盘子，吃的时候用竹签就别有一番风情，事后整理时也十分方便。

活动次数的减少，反而让准备时间变长了。最近和女儿、老公一起拟订计划，偶尔一起去买东西，他们还会问："这个装饰怎么样？""这次要做什么呢？"只要平时的料理稍微偷懒，就能享受与家人协作的乐趣。与其我一个人铆劲儿做，不如巧妙地借用家人的力量，这才是最理想的做法。

1月

年节料理

料理：筑前煮（日本传统年菜之一，九州福冈一带的乡土料理）、栗金饨（日本传统年菜之一，传统和果子）。婆婆、小姑子和女儿分工合作。

轻松要诀：黑豆、蜜汁核桃小鱼干做起来很费劲，不如干脆买现成的。

乐趣：装盘要丰盛豪华。

2月

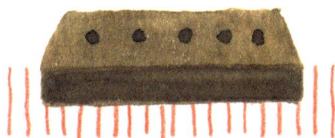

情人节巧克力蛋糕

料理：全家一起吃的巧克力蛋糕。

毕业：女儿读高中时，每年要做100个义理巧克力，现在这个大工程总算结束了。

3月

女儿节餐盒

料理：三色寿司、高汤蛋卷、烤鱼。

轻松要诀：不用再准备做起来极为费力的散寿司。换成双色寿司饭或者用盒装牛奶就可以完成的押寿司。

乐趣：放在竹篮里看起来就很可爱。

4月

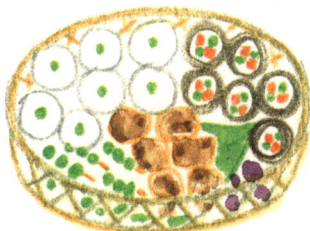

赏樱便当

活动：众多孩子和家长们的赏樱聚会。

乐趣：简单的配菜或市售的外带餐点，享受大人们的公园午餐。

建议：使用直径30cm左右的竹篮，就能打造和风感。

5 月

母亲节咖喱

轻松要诀： 母亲节时孩子们打理晚餐，他们用咖喱饭代替礼物，餐后也由他们洗碗盘。这比收到礼物更令我开心。

6 月

岛根粽子

乐趣： 丈夫的老家是在岛根县，习惯在端午节后吃"笹卷"（粽子），这是丈夫童年时的家庭例行活动，现在则是开心品尝婆婆送给我们的笹卷。

7 月

章鱼烧派对

料理： 儿子的生日派对照惯例是以章鱼烧为主题。用高汤代替水来做粉浆是美味的秘诀。

轻松要诀： 使用一次性的薄木片餐盒盛盘，事后整理很轻松。可以在网络上大量购买。

8 月

盂兰盆节卷寿司

料理： 卷寿司。
轻松要诀： 不做费工的菜色。
乐趣： 在网络上购买主要食材。一边吃美食一边聊天，气氛更热络。

9 月

新米秋刀鱼套餐

料理： 盐烤秋刀鱼、蘑菇味噌汤和每年的新米。

乐趣： 看着超市烤好的一整排秋刀鱼，每次都忍不住要买。这是我家初秋的必备菜单。

10 月

女儿的小球寿司

轻松要诀： 女儿从 15 岁开始，每年都会为我做生日料理。色彩丰富、圆圆的一口寿司，让我度过奢华愉悦的一天。

11 月

煎饺派对

料理： 煎饺。全家一起包饺子，由于不是一个人做，就算数量很多也可以很快包好。

乐趣： 加入紫苏、虾、小番茄等食材也很好吃。煎的时候摆成花形，直接盛盘就很漂亮。

12 月

圣诞大餐

料理： 综合沙拉叶、小番茄摆盘成圣诞花环的样子。

轻松要诀： 直接买现成的烤鸡。虽然很多店都能买到，但我最爱的还是家附近的烤鸡店。

心得▼▼▼不必每一道菜都亲手做，不逞强才能开心！

不再使用棉质抹布

　　孩子小的时候常常皮肤过敏，因此不论食物还是衣物，都要尽量挑选纯天然的。抹布也是，我向来使用百分之百的纯棉制品，洗好晾干即可。但厨房的抹布总是干得很慢，在潮湿的状态下，很容易滋生细菌，只好用开水煮沸或漂白。

　　讲究生活细节的同时，如何乐在其中很重要，但这一定是对的吗？孩子大了之后，我突然察觉：讲究环保或天然材质的物品，或许是因为初为人母的不安。

30多岁时

落棉环保抹布

· 100% 棉制品，只能自然晾干。
· 因为污渍很容易附着，需要经常漂白，很麻烦。

超细纤维抹布

· 吸水性很强。
· 速干，不用担心滋生细菌。
· 只要快速清洗，就不必担心
  污渍，也不需要漂白！

心得▼▼▼不必过分追求天然材质，做家务也能轻松舒适。

　　如今我已经积累了很多生活经验，能够迅速畅快地做完家务。孩子现在都大了不再有皮肤过敏的症状，也没有必要再坚持使用环保或天然材质的物品。

　　这时，一位很重视清洁的朋友向我推荐了超细纤维抹布，它能轻松拭去油污，让水槽立刻光亮，只要马上搓洗就不会留下污渍。我虽然有些心动，但因为不太喜欢抹布是桃红、黄色、绿色等鲜艳的颜色，所以没有买回来用。

　　后来在汽车用品网站上发现了灰色、茶色等颜色的抹布，想着放在家里也不会太突兀，于是立刻买了下来。

　　用了之后果然很满意，最令我开心的是，速干！以前我总认为使用天然材质的物品是舒适生活的必要条件，没想到换掉之后，也能达到同样的效果。

欢迎家人帮忙做家务，
做得不好也没关系

　　育儿相关的事虽然减少了，但每天还是要做很多家务：饭后的碗盘清洗、洗澡后的浴室打扫、洗四人份的衣服，只要活着就会有家务。

　　然而，就算拜托儿子把碗盘洗一洗，他也不会把水槽和流理台一起清理干净；拜托女儿打扫一下浴室，虽然清洁了浴缸，墙面及排水口却没清理；拜托老公洗一下衣服，虽然帮我晾了起来，却不会帮我收进屋里、折好放进衣柜。"真是的！根本没做好嘛！"我原本以为会变轻松，没想到反而更焦躁了。

　　因此我决定换个方法，前端的家务请家人帮忙，我则负责后续的收尾。分配好彼此的工作，就不会觉得烦躁，只要帮到我可以接受的程度就很开心了。不但缩短了做家务时间，最棒的是建立了互相帮忙的模式，会更满足地对彼此说"辛苦了""谢谢"。

例如洗衣服

老公或女儿晾衣服

折衣服、收拾等
工作，我来做

洗碗盘时，我可以收拾流
理台周围或整理餐桌。

儿子边洗碗
边听他喜爱
的音乐。

即使不会主动帮忙，但只要"拜托"
一声，他就会老实地来帮忙。

心得▼▼▼做得不完美也没关系，首先要对分担家务表达感谢。

给自己放一天假

整天无所事事，
不打扫也不下厨。

做家务或工作，不光是劳累身体，连大脑也会变迟钝。"做了二十年的家庭主妇，差不多该休息了"，现在的我更积极地让自己放松。只要觉得疲倦，就会给自己放一天假，因为这是身体发出的求救信号。有时候我还会一整天都穿着睡衣。

事实上，家人对我这样懒散一整天的状态表示很开心。可能是因为平时我常要他们做这个做那个，他们觉得很啰唆吧。

当我把生活的节奏慢下来，家里的节奏也跟着放慢了，家人感觉更轻松自在了。"嗯，那我今天要打一整天游戏"，老公似乎不想输给我，也开始无所事事，偶尔这样其实很不错。

放松

明天再加油吧！

别忽视身体发出的 休息信号
一直不顺心时，正是休息的好时机。
试着依靠其他人，人不可能什么都会。
和朋友打电话，发泄压力。

这些转变都是因为我把生活重心从孩子们身上转移到了自己身上。"为家人而活的二十年，辛苦了"，躺在沙发上，我不禁深深感慨着。不做家务的这一天，我也不下厨，而是选择出去吃或叫外卖，这些都是为了"明天继续努力"所需的休息。

心得▼▼▼生活节奏慢下来，才能走得更长更远。

丢掉笨重的吸尘器

扛着吸尘器上下楼梯
真的很累……

孩子大了，房间不再乱七八糟了，是时候丢掉笨重的有线吸尘器了。于是我换了之前就听说评价很好的手持无线吸尘器，方便性远超出我的想象——重量大约只有 1kg，十分轻巧。

传统吸尘器用起来非常耗费体力，改良后的吸尘器外观纤细小巧，以往我都是收纳在离客厅有段距离的杂物间，现在则是挂在冰箱和墙壁间的缝隙。

拿取十分便利，只要觉得"啊，这里脏了，快拿吸尘器来吸一吸"，就能随时轻松打扫。因为无线，所以在房间移动或上下楼梯也都很方便。

轻轻松松

无线吸尘器

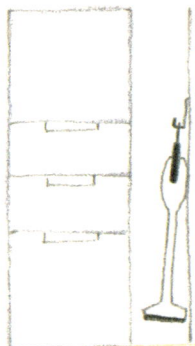

重量轻、体积小。

想用时立刻拿出来用。

设计简约。

配合吸尘器，把吸力不强就无法吸起灰尘的长毛地毯丢掉，换成可以在投币式洗衣店清洗的地毯。借由生活方式的变化，我重新审视了对家电用品的需求，步伐也变得轻盈了。

心得▼▼▼用具轻便，一下子就能减轻打扫的负担。

19

减少 3C 产品的数量

摄影器材在这 20 年间发生了非常巨大的变化，为了记录孩子的成长过程，我们家拍摄过 100 多支 VHS 录影带。

摄影机、录放影机、连接线等，皆需要很多周边设备。这些器材在孩子读小学时频繁使用，如家人聚会时一起观赏，或者拷贝一份寄给老家等，现在渐渐不用了。电视后方是积满灰尘的电线，清理时真的很麻烦。

为了拍摄运动会、才艺表演时使用的摄影器材也用不到了，现在只要有一部智能手机就够了。

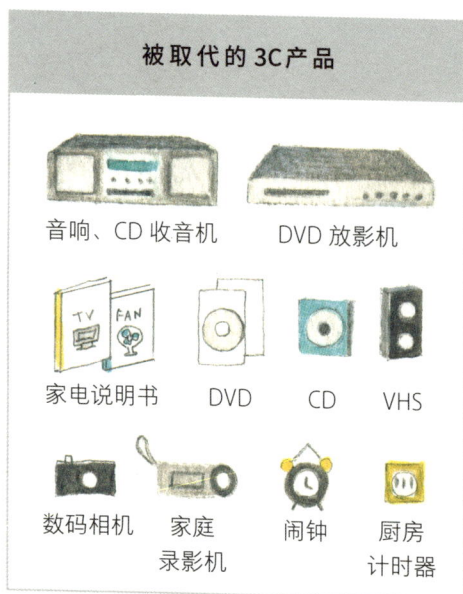

被取代的 3C 产品

音响、CD 收音机	DVD 放影机

家电说明书	DVD	CD	VHS

数码相机	家庭录影机	闹钟	厨房计时器

通过蓝牙音响
欣赏音乐。

利用 Apple
TV 观看电
影和动画。

iphone

　　拍摄的照片、视频上传到社交媒体上，设定浏览权限，直接在电子设备上或通过网络分享到电视上观看即可。这是和家人、朋友分享生活最便利的方式，不再需要录影带和 DVD。

　　深深感受到时代变化的同时，也发现我们需要处理很多物品。除了不需要的摄影机、录放影机、电线之外，还有各种说明书、刻录资料的 CD 和 DVD 等。电视机也从显像管换成液晶的，客厅变得清爽整洁。

　　现在每个人都有手机，观看或摄影都非常方便。日新月异的科技进步，让我们的生活方式发生了巨大的改变。孩子们还会教我使用各种 App，取代了和家人一起看录影带的传统沟通方式。

打造色调统一的沉稳感空间

孩子们有了自己的房间后，客厅就不再需要以孩子为中心去思考摆设。在家时间最长的是我，既然如此，以自己为出发点布置客厅应该没问题吧，所以我用沉稳的色调打造出了一个适合大人生活的成熟空间。

如果整体空间看起来很孩子气，很可能不是因为物品数量，而是色彩数量，色调统一后就会发生很大的变化。即使东西很多，只要准备相同颜色的箱子收起来，空间看起来就会很清爽。

我家的客厅里，矮桌、架子基本上都是以焦茶色为主，整个房间焦茶色占了6成，沙发的红色为3成，观叶植物的绿色为1.5成，剩下的用抱枕作为点缀。虽然抱枕有很多颜色，只要搭配得好，看起来就不杂乱。

颜色可以随个人喜好决定，但主色最好是占比最多的颜色（如大型家具），次要色则选择深而沉稳的色彩，第三色则选择能画龙点睛的色彩。次要色与第三色可以选择自己喜欢的个性化颜色。

无法统改成三种颜色的话，不妨稍微拉开距离观察看看，哪里看起来不协调或是颜色很突兀？有可能是窗帘、抱枕、垃圾桶或纸巾盒等小东西。只要拿走这些物品，就能让整体看起来有一致性哦！

after 沉稳感布置

外观很有个性的
鹿角蕨就像艺术
品一样。

不要把装饰柜塞得
满满的。

地毯要配合地板，
选用不抢眼的颜色。

心得▼▼▼减少一些颜色，空间立刻变沉稳。

before

彩色吊饰

各种花色的抱枕

绘本、玩具塞了一堆

23

毛巾一律用灰色

想让空间内色调统一，最简单的方法就是换毛巾。我们在两个孩子分别为 8 岁、13 岁时搬到现在住的房子，趁搬家时我就把五颜六色、带有卡通图案的儿童毛巾全部丢掉，换上了颜色沉稳的灰色毛巾，浴室、洗手间立刻变身酒店等级。

要说没有一点不舍得那是骗人的，但是抱着舍弃孩子气生活的心态，就能轻松地做出断舍离。每天看着带有可爱图样的儿童用品，就会觉得孩子还小需要自己照顾，因此即使只是一块毛巾，也要先替换掉再说。

统一色调和设计后，不仅在使用的时候，就连晾干、折叠、收纳的架子，看起来都不一样了。家居风格变得更成熟了，孩子们也出人意料地对那些图案物品没有任何留恋，很爽快地让我更换了新品。

重新装修或更换家具都是大工程，但只要换毛巾就可以让一切变得更轻松简单。在更换常年使用的旧物品同时，我们的心情也会焕然一新。

家里充满儿童用品，
尺寸、花色都很杂乱。

after

卫生间的毛巾全部换成灰
色。颜色和尺寸统一后，
收纳更清爽整齐。

心得▼▼▼统一成沉稳色调，孩子气一扫而空。

25

栽种植物的喜悦

栽种植物，在心情低落时能让自己变得积极，也能改变忧郁的氛围。栽种最久的那株已经陪伴我近20年了。

早上晾衣服之前就算只是欣赏一分钟也能放松心情。现在不需要费心照顾孩子，取而代之的是栽培植物的喜悦。看到花盆里一片绿意盎然的那一刻，便是最治愈的时光。

室内也栽种了几种植物，但和室外相比难度很高，也有枯死的经历，所以后来就选择酒瓶兰、蓬莱蕉、松叶武竹、细叶榕、鹿角蕨、橄榄、一叶兰等比较容易照顾的品种。

这些品种就算短时间放着不理也照样生气蓬勃，即使外出旅行一个星期也不会有问题。种在阳台的薄荷、洋甘菊，因为是多年生草本植物，即使冬天干枯，到了春天也会再度萌芽。从这些植物间长出来的鸭跖草、蛇莓、紫茉莉等杂草，虽然小小的却充满生命力，为生活增添了许多活力。

生长特别迅速的松叶武竹

第1天
冒出一点点嫩芽。

第3天
快速地长高10cm左右。

第6天
长到40cm高，开始发芽。

放在浴室
也能生气
蓬勃。

花盆选择银色、
黑色就能搭配整
体装修风格。

蓬莱蕉

细叶榕

心得▼▼▼快乐地栽种植物，净化身心。

为家里增添温馨感的手工小物

在日本各地民艺馆
买来的乡土玩具

北欧生活用品店买来的
柳编篮子

瑞典陶艺家
Lisa Larson 设计的花瓶
"Wardrobe Coat"

能用粉笔画上数字的
黑板时钟

日本岩手县盛冈市的杂货
店买来的竹编垃圾桶

初次造访别人家时，若是
发现玄关装饰了一点摆饰品，
内心就会觉得暖暖的。这些物
品看似不经意，却可以从中窥
见居住者的风格或享受生活的
模样。

手工制品能营造出温馨的氛围。虽然也有很多工厂生产优良的日常生活用品，但这些都是辅助生活的工具，并不能润泽我们的生活。

即使是小小的空间也没关系，在让自己歇息的房间一角，或是每天都要使用的厨房窗边，稍微装饰一点手工制品，就能为内心带来平静。

我家的垃圾桶是在盛冈的杂货店购买的竹编篓子。书架上摆放着旅游时搜集的乡土玩具。因为我很喜欢传统泥偶，疲惫时欣赏这些摆饰品就觉得很治愈。我也喜欢做手工，自制窗帘或抱枕套。每当有烦恼或有琐事牵绊时，便会放空思绪做针线活，这也是我最爱的时刻。

窗帘上巨大的贴花图案

儿子第一次画的"圆"被做成了贴花图案的抱枕

偶尔自己动手做

边看电视边一针一针缝制

心得▼▼手工制作的小物件，让房间更温馨、充满个性。

轻纱毯　　　抱枕套

换季时追求居家空间的极致触感

　　每半年换季时拿出衣服，就像挖出埋藏许久的宝物般，有种熟悉感和新鲜感，让人怦然心动。

　　室内装饰品也是一样，换季是件很开心的事。客厅主要以沙发周边为主，更换了直接接触肌肤的布品，舒适度一下子就提升了。

　　春夏最适合触感光滑的轻纱毯及棉制抱枕套，选择色彩鲜明的原色系，外观看起来更清爽。有点凉意的秋季来临时，则

秋冬季节

羊毛毯

抱枕套

围毯

换成羊毛毯及烟熏色系的抱枕套，最后再把存放了半年的围毯拿出来，就完成了冬季的居家布置。

客厅呈现不同面貌时，生活节奏也更加层次分明，从而产生找人来家里玩的念头，以此激励自己努力打扫。

另外，装饰柜里的物品也要换季，春夏是植物、珊瑚，秋冬则是木制人偶或蜡烛等摆饰品。日常使用的茶杯可以换成其他材质的，从玻璃杯换成陶瓷杯等。或许是因为我在家的时间很长，习惯在生活空间中寻找乐趣、费心布置，即使只是小改变，也能让我觉得幸福洋溢。

心得▼▼▼编织物根据季节替换，能使舒适感迅速升高。

一群在谈天
说地的朋友

看电视的人

和朋友一起玩
线上游戏

在同一空间
各自开心的方法

邀请客人，促进家人互动

这几年，即使全家人都没出门，也很少一起待在同一个空间。孩子们想待在自己的房间，工作忙碌的老公回家后总是最先休息以缓解疲劳。虽然我不认为非得一直在一起，但总觉得家里有一种异样的氛围。

"既然这样，让家里随时准备招待客人吧！"邀请亲戚、友人来家里，气氛会变得活络，家人间的对话也会更多。因此，摆放在客厅的物品就要尽可能收拾整齐，避免待洗衣物堆积如山，这样才不会在客人来访前忙着整理。

另外，用餐区准备了可以堆叠起来的椅子，以便来访的人数多时可以迅速增加座位。这样来到家里喝茶的朋友变多，儿子的同学也经常在家里借宿，我与女儿、老公之间的话题也变多了。

夫妻间的距离感也减少了，30多岁时我还与老公一起坐着看电视，现在则是各做各的事，只要感受到对方的存在就好。这是一种很自然的变化，不需要24小时都腻在一起、聚在一起说说笑笑，而是摸索出彼此觉得最舒适的距离。

心得▼▼▼营造一个随时欢迎访客的环境，有助于增进家人间的感情。

穿过大茅轮消灾解厄

当季的味道是对自己
最好的奖励

通过食物感受季节变化，是生活中的小幸福。在超市看到当季蔬果会让我雀跃不已，用当季当令的食材下厨，一半是出于我的乐趣，一半是想让孩子了解传统文化。因此，女儿甚至会在放学后，买章鱼回家说："今天是夏至。"

最近为了犒赏自己，我会在和果子店品尝甜点，这是我小小的日常奢侈之一。

比如说六月，举办"夏越祓①"时推出的"水无月"，就是只有这个季节才吃得到的清凉糕点。以前都是全家一起去神社参拜，回来时买水无月在家吃。

现在如果大家都有空闲时间还是会这么做，但大多数情况是家人各有各的安排，所以我会按照自己的步调慢慢来。今年六月时，约朋友一起参加夏越祓祈求健康、解除灾厄，顺路去和果子店，边品尝美食边谈天说地。

六月参加"夏越祓"回程时品尝"水无月"

紫阳花饼也是这个季节才有的甜点。

象征水的"水无月"。

① 日本的传统活动。每年六月最后一天举行，祈求去除前半年的罪恶及污秽，祈祷后半年的平安。

心得▼▼品尝季节美食，犒赏自己。

从一家人的餐桌
变成一个人的饭桌

最近一个人吃晚饭的日子变多了，虽然觉得有些寂寞，却变得更自由了。如果在外面吃，或许能够转移注意力，但我既没有一个人吃饭的勇气，也不想临时邀请好朋友一起吃。要是到了六七十岁也能有一起吃晚餐的朋友就好了，这是我对未来的一个憧憬（趁现在把它写在想要实践的愿望清单吧）。

其实一个人在家吃晚饭也有不少优点。首先要洗的碗盘很少，不需要使用饭碗，像咖啡厅一样用大盘子摆盘，最后要洗的盘子就只有一个。不用麻烦地准备四人份的餐具，水槽里也不会囤一堆碗盘。

卷心菜沙拉

干煎鸡肉

毛豆马铃薯泥

紫米饭

豆腐

干煎鸡肉拼盘

菠菜炒培根

直径 27cm 的
大盘子很适合
拿来当作拼盘

high ball

焙茶

凉拌褐藻

加上紫苏叶，
色彩更丰富

御饭团

炸鱼定食

小菜拼盘

用黑石板岩盘盛装超市里卖
的五颜六色小菜，看起来很
有趣味性，建议试试看。

心得▼▼▼不习惯一个人吃饭时，不妨试着摆盘或犒赏自己小酌一下。

　　时间比较充裕的周末，就把买回来的小菜装在小碟子里当作下酒菜，享受居酒屋的氛围。在家放松休息是最近才有的奢侈，这是消除一周的疲惫、一个人平静的放松时间。

　　回想起来，之所以会如此专注于装盘，或许是因为一个人吃饭吧。回家后从盒子里取出买来的现成配菜，享受把食物盛到喜欢的盘子里的时光，再用几片季节性的叶子点缀，就会觉得更特别，仿佛专业厨师般。

　　养成这样的兴趣，也许是因为寂寞吧。想着孩子回来后可以当作零食而留下一些菜，即使已经饱了，也会顺便再做点菜。习惯后便觉得一个人轻轻松松也挺好的，但还是会感觉有些寂寞。

用回忆箱让另一半和孩子更独立

我家的阁楼里有 6 个箱子，放的是和孩子有关的物品。刚出生时参拜神社所穿的和服、第一双鞋子、以前很爱的衣服、第一次画的画、小学时写的笔记和作文等，女儿、儿子的各种物品都用回忆箱分别保管着。

孩子们写下刚学会的平假名、穿上手工缝制衣服的时候，我便开始管理他们的物品。后来不知不觉地就把他们的物品当成自己的东西了。

其实这些原本都是孩子个性的一部分，带着"总有一天要还给他们"的心情整理这些物品，一一装入回忆箱，对我而言也是"早晚有一天要放手让孩子独立"的作业。

我计划在孩子 20 岁时把回忆箱送给他们当作礼物。希望当他们未来在迷茫或遭遇挫折时，打开这个箱子，就能体会到自己是在爱中长大的，记起自己曾喜爱过的东西，成为他们回归原点的提示。

我回娘家收拾东西时，看到以前涂鸦的绘本、小学时的联络簿、初中时的交换日记等，内心仿佛得到了救赎。也更强烈地感受到现在的自己，并不是突然变成今天这个模样，而是如俄罗斯套娃般，一层层地形成了新的自己。

第一次画的图画，写下的平假名，小学时的联络簿、作文、笔记等。

小时候玩的玩具、洋娃娃。

初次参拜神社的和服、有纪念性的衣服、鞋子。

幼儿园到小学六年级的图画作品。

图画作品

心得▼▼▼把孩子的回忆还给他们，让孩子独立也让父母独立。

送给孩子的 20 岁礼物

明年，女儿就满 20 岁了。她长大了，拥有了享受人生的能力，甚至常被身边的人说："总是看起来很开心的样子。"我问她："20 岁生日想要什么？"她回答我："能永远留下来的金属制品！"金属制品，指的应该是珠宝吧？

虽然还不确定，但我在考虑把母亲留给我的一个珠宝饰品，改成现代风格送给女儿。这么一来，不但是世上独一无二的设计，更可以成为亲子三代联结的礼物。

我想到的是一对夫妻经营的珠宝品牌"Ryui"。他们擅长将旧珠宝重新设计，我曾经委托他们把旧的珠宝项链按照我喜好的风格重新设计。

20 岁是孩子成长的分界点，对身为人母的我来说也是一样。以后我被叫"某某的妈妈"的机会越来越少，重新做自己的时期即将到来。

20th birthday

心得▼▼▼未来的生活重心，总算能回到自己身上了。

41

让做家务更轻松的便利小物

料理、打扫都不要过于勉强，适度就好。
下面介绍一些让日常家务更轻松的物品。

meal kit（快煮餐宅配服务）

附食谱，20分钟以内就能做出两道菜的食材组合包，只
要把必要的材料依需要的分量放进锅里，孩子也能轻松
完成，非常实用。

和风高汤包

只需有这个高汤包就能做出美味料理，日常料理或年节
料理都很适合，大超市都买得到。

烧烤酱 小瓶装（330g）

用这个酱汁可以快速腌渍好食材，缩短炸鸡块或照烧料
理的时间。可以在超市或网上买到。

超细纤维抹布

快速清除脏污的好帮手。只要立刻冲洗就不需要漂白，
也不容易染色，灰色放在家中也很百搭。

充电式吸尘器

重量大约1.5kg，非常轻巧。因为是充电式，没有电线，
打扫的过程变得非常轻松，看到哪里脏拿起来就能吸。

毛巾

厚度适宜又柔软，色调沉稳，放在浴室整体风格变得很
成熟。浴巾也配合浴室的风格统一成紫丁香色。

抱枕套

偏暗的色彩及舒适的材质，不同颜色放在一起非常漂亮。

直径27cm的木盘

使用一叶兰或小碟子来摆盘刚刚好，一个人用餐会更有
乐趣。

收纳盒

带盖子的纸制收纳盒，设置了手持用的小洞，所以移动
也很方便，不用时可以堆叠收纳。

2

身体

—— 新的变化、新的保养

用无添加的香皂洗脸

过了 40 岁的我，越来越不喜欢人工香精的味道，因此会挑选成分比较简单的护肤品。虽然不可能完全排除，但会尽可能选用无添加的产品，不论是化妆水还是润肤油，洗脸用品尤其如此。

以前我会被护肤品的颜值和功效吸引，还尝试使用并做出种类区分，但现在只使用价格十分亲民的无添加的香皂了。它比其他产品更滋润，自从换了它以后，干燥、湿疹等肌肤问题全都消失了，实在太令我惊讶了。不过，使用后一定要冲洗干净，否则肥皂成分残留在肌肤上会有紧绷感。

洗脸后先抹上润肤油，然后再擦上化妆水。我很喜欢先用润肤油让肌肤软化后，再使用化妆水让其充分吸收。另外，如果皮肤表面粗糙，则可以使用小苏打制作速成的磨砂膏。

使用超市售卖的食用小苏打会令人更放心，它比清洁用的颗粒更小，能温和去除肌肤角质。使用时取一茶匙放在手心，加上等量的蜂蜜和荷荷巴油混合，从在意的部位开始轻轻旋转按摩。清洗后，肌肤焕然一新。

纯净洁颜

荷荷巴油

小苏打

蜂蜜

这三种放在洗脸台，
在特别保养时使用。

成分单纯的香皂，
到处都有卖，超开心！

皮肤粗糙时
使用小苏打磨砂膏

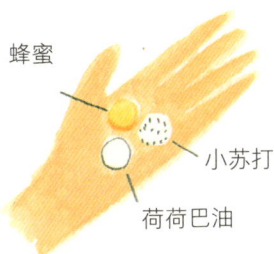

蜂蜜

小苏打

荷荷巴油

手心分别放一茶
匙混合，轻柔按
摩脸部后洗净，
就能使肌肤光滑
有弹性。

洗脸后
先擦润肤油

让润肤油渗透后

← 荷荷巴油

再擦化妆水

吸收力更佳

心得▼▼▼换成香皂后肤质变好，而且价格很亲民。

停止使用洗发水

　　我从小就是干性皮肤，过了 40 岁以后，常觉得头皮发痒。一照镜子，发现有大片马上要脱落的头皮屑。

　　我以为是太过干燥导致，必须给予适当油脂，所以便用荷荷巴油来按摩，但没什么效果，而且发际线处的皮肤干巴巴的，于是去皮肤科检查，结果被诊断出了脂溢性皮炎。

　　据皮肤科医生的说法，上了年纪是原因之一，皮肤变得敏感，还有一个原因是使用的化妆品或香皂不适合个人肤质。

用香皂洗头的方法

使用同
一块香皂来洗头发和洗脸

1 洗发前先用梳子把头发和头皮上的污垢梳掉。

一开始用温水可以洗掉 70% 的污垢。

2 用温水冲洗两分钟左右，直接用香皂搓洗头发起泡。

医生说很多人额头的头皮干燥发红、猛掉头皮屑，乍看之下似乎是因为干燥，其实是因为油脂过多，这实在很令人惊讶。

知道问题所在后，我开始拿洗脸用的固体香皂洗头发。因为不容易起泡，所以洗发前必须先梳一梳，用温水冲洗后再用香皂，这是目前最适合我的方式。使用香皂三星期以后，我的脂溢性皮炎痊愈了，不再发痒、掉头皮屑了。

为了避免毛囊堵塞，必须完全洗净。如果梳理时觉得干涩，可以涂抹少量润发乳。另外，潮湿的头发也会导致头皮产生油脂和霉菌，所以彻底吹干非常重要。

泡泡太少时，可以再用香皂搓揉。

柠檬酸（1小匙）+水（500ml）

3　边搓揉出泡泡边轻柔地为头皮按摩。

4　用花洒冲洗干净，让柠檬酸水充分滋润头发后，再冲干净。

及时吹干头发，避免霉菌滋生。

染发不必伤发质

　　35 岁后我就开始长白头发，过了 40 岁，白头发急剧增加，几乎占了一半。我还没有做好满头银灰发的心理准备，所以到现在还是会持续染发。

　　话虽如此，但也不能忽视染发带来的伤害，头发又细又卷，发量少得一塌糊涂的时候，我在想是不是该换一种方法了。这时，我正巧遇到在美发沙龙工作的酒井雅代，她仔细地检查了我的头发后说："一看就知道你的头发状况不太好。"

染发剂的用法

有机草本
染发剂 100g

在染发剂中混合温水（比美乃滋稀一点点的程度）。

使用染发刷更容易涂匀。

涂到头皮也不会渗入皮肤，可以放心使用。

直接由发根分区涂抹，发根全部涂抹后，再涂发梢。

酒井小姐和我同年，留着一头光泽亮丽的长发，几乎没有白发。向她请教保养头发的秘诀，她说："使用有机草本染发剂染发，一星期一次。"于是我立刻尝试了起来。

首先最让我满意的是纯天然的染发成分。过去使用化学染发剂时，总是很小心地避免涂到头皮或沾到衣服。而植物性成分的染发剂，就算沾到头皮或衣服也洗得掉，让染发变得很简单。

三个月后，头发受损的状况减轻，也感到自己的发质变好了，今后我要坚持用有机草本染发剂维护头发的健康。

就算沾到皮肤也能洗掉。

2 戴上浴帽，静待一小时。

3 用热水冲洗干净。
※ 这时候不要使用香皂。

每周一次，持续三个月后

以前无法编发，现在可以了。

• 头皮瘙痒、掉发的情况变少。

• 发根也充分上色，可以编辫子、挽高，尝试各种发型。

心得▼▼▼用植物性成分的染发剂染发，发质不容易受损。

保护视力

过了 40 岁，视力开始下降，老花眼渐渐地为生活带来了一些麻烦：离远一点能看得见，近一点反而模糊；或是近一点看得很清楚，远一点就模糊了。老奶奶拿着报纸把老花镜移到头顶凑近看的心情，如今我切身体会到了。

家人睡着后，看电影原本是我的小幸福，现在却不一样了，更喜欢使用走到哪都能看、画面小但看字幕没问题的手机或平板电脑，为了让自己置身在灰暗房间带来的氛围中，还会特意

坐着一直盯着手机。

什么都看不见……

突然站起来时，视野一片模糊。

调低灯光。但是这么一来，这些设备的蓝光会给眼睛带来负担。

尤其是要注意距离，例如 2m 和 20cm 的距离相比，影响相差将近 100 倍。有时为了查询某些资料，眼睛过分靠近手机，抬起头的瞬间视野就会变得模糊，再加上患有干眼症，长时间工作，眼睛就会干涩发红。

我现在已经不用手机看电影了，而是保持适当距离看电视或电脑。为了避免长时间盯着屏幕，每隔 1 小时我会休息 15 分钟。年轻时没有的智能手机，如今成了不可或缺的同伴，为了能与之长久地相处，必须保持适当的距离。

用手机将影片投屏到电视上，就能保持适当距离观看了。

2m

心得▼▼完全不看手机和电视是不可能的，要注意使用时间和距离。

牙齿清洁的产品
要配合牙龈状况

随着年龄的增长，另一件让我十分在意的事是牙龈萎缩。虽然还没有到明显看出来的程度，但我会在饭后去卫生间清洁牙缝。

日常护理最不可缺少的就是牙线。我喜欢柔软、碰到牙龈也不会疼痛，使用起来十分方便的有柄手持型牙线（非线卷型）。

牙线分为前牙专用与后牙专用，使用起来都很容易，清洁时要缓慢轻柔、左右摩擦，让牙线慢慢滑到两颗牙齿之间，在一颗牙齿的侧面上下拉动。我听牙科医生说"刷牙只能清除六成的牙垢"，但若与牙线并用，据说能清洁八成以上。

看牙科的时候医生为我推荐了一款细毛牙刷。使用这款牙刷后，不费力就能刷干净，还不会伤害牙龈，可以减少出血。

由于价格亲民，可以经常替换。有了方便的洁牙工具后，总是很认真地刷牙，蛀牙减少了，也不再被牙周炎困扰了。现在的我比年轻时更加细心地呵护牙齿，只是为了今后能品尝更多的美食。

细毛牙刷

前端很细容易
刷洗，可一次
大量购买。

有柄的牙线装入玻璃瓶，
放在洗脸台上。

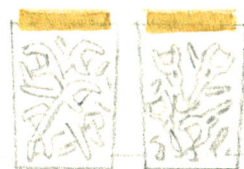

前牙用　　　后牙用

心得▼▼▼因牙龈萎缩而非常在意牙缝时，推荐使用有柄的牙线。

睡觉时脚抽筋

每天走
8000 步。

可能是运动不足,
明天就开始健走。

尿液的气味和平时不同

及早
就医!

免疫力下降,
有可能引发膀胱炎?

提早应对就不会囤积过多压力

　　一再自欺欺人、逞强努力,虽然精神上能勉强支撑,肉体却未必跟得上。不要一味地对自己洗脑"没问题,我还能努力",而应该在身体发出预警时,及早应对。

　　据说身体新陈代谢变慢时,如果没有刻意去活动肌肉,就可能会发生运动量不足而导致睡觉时脚抽筋等类似情况。

　　另外,即使心想"还可以再努力一下",只要肩颈有酸痛感,就不要勉强自己,停下来休息吧。正因为如此,我很少感

起疹子

番茄、洋葱、彩椒、胡萝卜、卷心菜、培根加上高汤块炖煮。

可能是营养不均衡，今天晚上炖个蔬菜汤。

微微发烧

总之先睡再说！

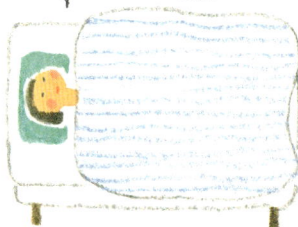

身体已经很疲累了！今天就好好休息。

冒，也不会突然发高烧。

　　我能够像现在这样及时应对，是因为我曾经独自沮丧地面对过一段非常伤心却无人知晓的经历。

　　当时觉得时间仿佛凝结了，然而身体却大唱反调——肚子一直咕噜咕噜作响。这让我很惊讶，即使在这么悲伤的时刻，肚子仍然会饿，提醒我身体还需要补充营养。

　　稍微吃了一点东西后，悲伤的心情虽然没有马上平复，但是有了体力，灰暗的情绪仿佛找到了出口。自此以后，当精神状态非常糟糕时，我就会试着先让身体动起来，从而带动心情好转。

心得 ▼▼▼ 精神不振时，先从改变身体状态开始。

定期体检

　　因为怕麻烦，我已经快十年没去体检了。我有些贫血，许多年前就有吃冰块上瘾的症状，据说这是体内缺铁而引起的异食症。

　　由于子宫肌瘤导致经血量过多，我有时一天甚至可以吃一大碗冰块。明知对身体不好，但还是觉得冰块特别好吃，怎么也戒不掉。我心想这么下去也不是办法，于是去做了体检。结果不出所料，血红蛋白数值只有正常值的一半，确诊为缺铁性贫血。

　　医生给我开了铁剂，才持续服用一星期就见效了。原本觉得美味的冰块，现在只觉得又冰又硬。

　　味觉也改变了，原本觉得特别有嚼劲的食物，

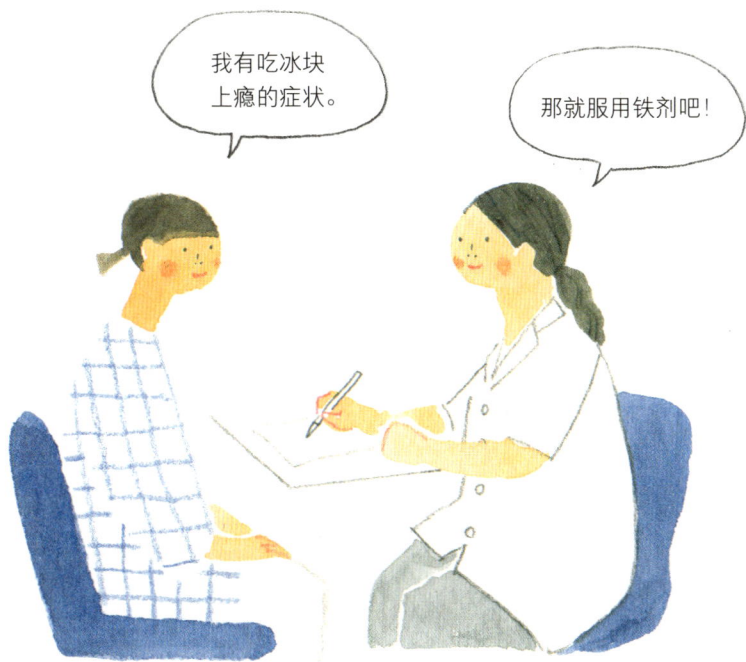

现在却觉得很难吃。入睡困难也是贫血造成的，吃了铁剂后有所改善，能够熟睡，身体也更轻盈。

　　体检能够充分了解自己的身体情况，我希望往后也能每年体检，加强自己的健康管理意识。

检查后确认是贫血！

血红蛋白
只有标准值的一半。

铁剂 100mg

服用铁剂后就不爱吃冰块了，身体也变得更轻松。

深呼吸，把疲惫、压力吐出去

你注意过自己的呼吸吗？工作或做家务时，回过神来才发现呼吸又短又浅？是否曾因为太专注眼前的事而屏住呼吸，却在放松时有想呕吐的感觉？如果注意到的话，会发现其实人们很难无意识地进行深呼吸。

但是，只要刻意去做，随时都能进行。当疲倦和烦恼袭来时，不需要借助任何工具，深呼吸就能得到缓解，令人十分放松。

我推荐大家做的是，让腹部吸气膨胀的腹式呼吸。在还没

腹式呼吸法	效果 >>> 促进血液循环、放松

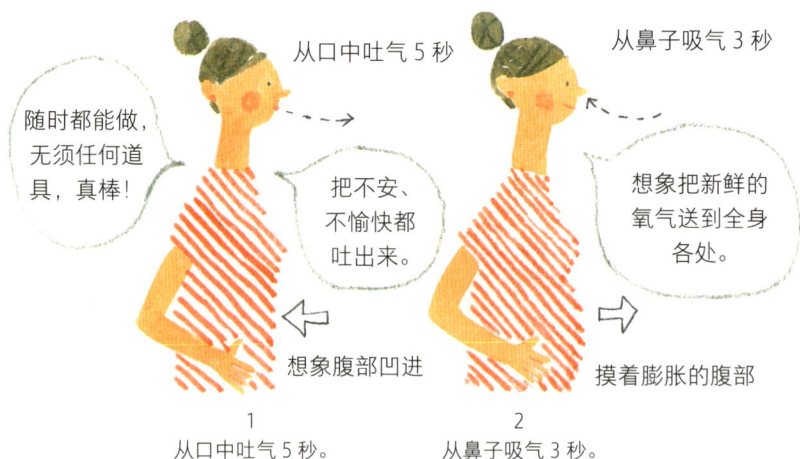

随时都能做，无须任何道具，真棒！

从口中吐气 5 秒

把不安、不愉快都吐出来。

想象腹部凹进

1
从口中吐气 5 秒。

从鼻子吸气 3 秒

想象把新鲜的氧气送到全身各处。

摸着膨胀的腹部

2
从鼻子吸气 3 秒。

习惯的时候，可以把手放在肚脐两侧，这样更容易感受到腹部的膨胀情况。

吸气的时长不固定，在做得到的范围内即可。我一般是吸气3秒、吐气5秒。重复2~3次，让氧气在体内循环，调整心律，心情就会变得很舒畅。

尤其是当有很多必须要做的事，却无法集中注意力时，慢慢深呼吸，就能让思绪慢慢沉淀，心情渐渐稳定，能够冷静判断事情的轻重缓急，心态也能更积极、更正面，会正视并努力应对原本拖延的事情。

山上、海边等空气清新的地方可以洗涤身心，但日常的深呼吸也能达到相同的效果哦！

心得▼▼像为体内换气般慢慢深呼吸，头脑会变得更清醒。

单侧鼻交互呼吸法	效果 >>> 增加脑部的含氧量，使注意力更集中

持续到心情平静为止。

据说人一天会呼吸两万次。

1
背脊挺直，以呼吸能贯穿全身的姿势深呼吸，鼻子用力吸一口气，然后吐气。

2
吐净后，用手捏住鼻子两侧，放开按住右侧鼻孔的食指，花☆秒吸气，☆秒吐气。

3
食指重新按住，接着放开按住左侧鼻孔的大拇指，重复2的动作各呼吸☆秒。

*注：☆处时间可按自身情况进行调整。

热瑜伽的好处

40 岁后全身各处开始渐渐干燥，平时不怎么活动的肌肉也逐渐僵硬起来，只靠化妆品和偶尔按摩根本不奏效，但是我不擅长剧烈运动，医美对我来说门槛又太高。

目前，唯一能让我坚持下来的是热瑜伽。室内温度像桑拿浴一样温暖，很多姿势比平时的瑜伽动作更简单，更适合运动，最重要的是能让身体排汗，消除疲惫。在高温的房间里，身体会比想象中更柔软。

把注意力集中在呼吸上，让腹部如气球般膨胀，往上延伸拉直右侧腰部，汗水竟从指尖流下来了。已经快 20 年没运动了，都快忘了身体该怎么动，每次做热瑜伽都让我惊喜地发现，原来肌肉可以伸展到这个程度！

课程虽然不到 1 个小时，但因为大量排汗，就像把所有身体不需要的东西全部排出一样，非常痛快，结束后如重生般，心情十分愉悦。推荐给喜欢却很久没运动，或是很久没流汗的人。

老师优美的曲线
真令人羡慕……

这么难的动作一个
人绝对做不到，还
好来了教室。

好痛苦。

教室大约有 15 名
学生，很在意陌
生人的目光，所
以要更努力才行。

看到镜子里的自己，过胖的身材让我
有点沮丧，但运动后心情很愉快。

身材好像
章鱼
饭团……

理想体重：身高减100

40岁后，身材随着年纪增长渐渐变圆润。年轻时还不曾超过50kg，过了40岁以后，体重再也没有回到40开头了。我的身高是153cm，用身高减去100所得的数字当作标准体重的话，体重53kg比较合适，但我竟然超过了这个界限，所以决定减肥。

首先要对现在的体形有自觉，适当地做一些运动，如热瑜伽。当看到其他学员窈窕的曲线时，自己会更有动力，同时，还有个重要目的，就是通过运动提高代谢。

目前我成功达成了一个月瘦2kg的目标。配合运动改变饮食习惯，尽可能不吃零食，晚饭只吃米饭配纳豆或豆腐这类减肥餐。不过，这个方式很考验意志力，一旦遇到挫折就可能前功尽弃。

尤其是第一天最辛苦，因此我这次特地采用"甜酒断食"（右页），肚子负担减轻了，隔天就能开始控制饮食。

我的记事本里写着"摆脱3分钟热度的7大守则"，时时提醒自己要注意。每当想要放弃时，就重新看一次守则。减肥就怕过度勉强，我期待着恢复理想体重时，或许能让隐藏了45年的锁骨重现。

只限第一天的甜酒断食

RULE 规则

- 一整天只在早、中、晚各喝一杯（300 ml）自制甜酒。
- 也可以用豆浆、水果来代替。
- 喝水没有限制。

材料
米一杯，水800ml，酒曲200g

做法
1. 煮一杯米的饭，再加入水煮成粥，煮好后放凉至55℃。
2. 撒入酒曲拌匀，不时搅拌，维持55℃，放6~8小时就完成了。可以直接食用，或依个人喜好调得更浓稠或更稀。

保温的方法
粥煮好以后盖上锅盖，再用有棉衬的布包起来，大约3小时后会降温到55℃以下。再次加热，用布包起来保温。

减肥日的第一天三餐只饮用甜酒。

153cm

体重超过"身高减100"时就开始减肥。

甜酒营养价值高，有"日本酸奶"之称。

甜酒变化

兑姜汁　　兑豆浆　　兑青汁　　加上水果

摆脱 3 分钟热度的七大守则

1 每天早上称体重，记录在表格里。

2 每天喝 2L 的水。

3 走 8000 步，每周坚持三次。

4 平日尽量不喝酒。

5 晚餐以纳豆或豆腐代替白米饭。

6 泡半身浴充分排汗。

7 晚上 11 点上床睡觉。

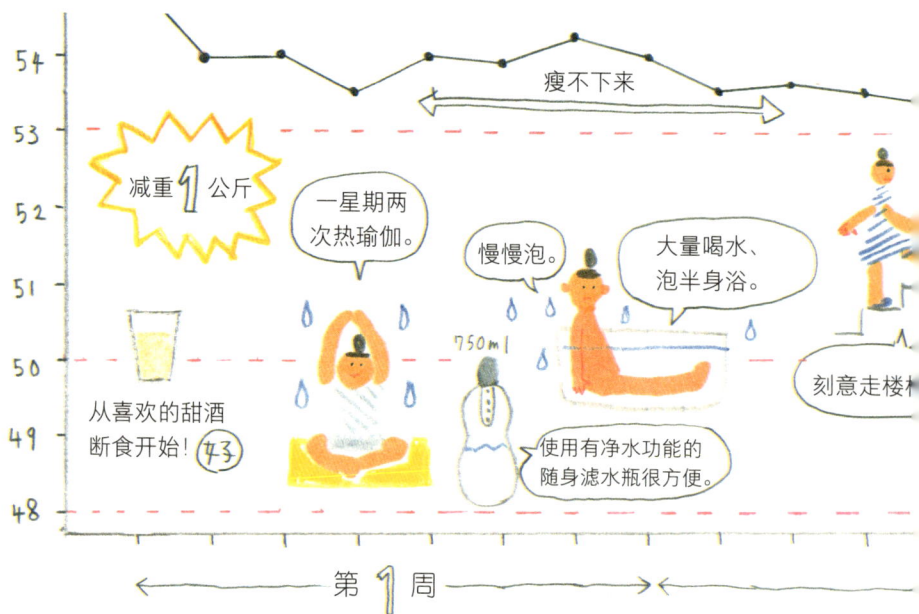

瘦不下来

减重 **1** 公斤

一星期两次热瑜伽。

慢慢泡。

大量喝水、泡半身浴。

刻意走楼梯

750ml

从喜欢的甜酒断食开始！ 43

使用有净水功能的随身滤水瓶很方便。

第 **1** 周

促进循环的体能锻炼用品

健身棒

门上单杠

心得▼▼▼减肥很难快速看到效果，如何突破痛苦的第一天是关键。

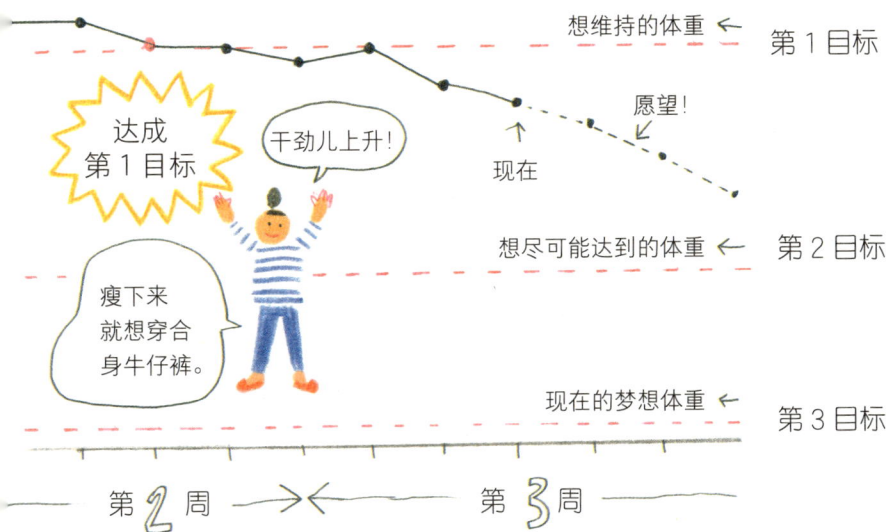

自制简单的香氛膏

我常年爱用的身体保养品是精油。制作出 100g 的精油，需要 10~20kg 的薰衣草花穗，或是 300~500kg 的玫瑰才行。因为纯度高，所以香气纯粹，闻一下就能消除疲惫。

最近有很多专卖店销售精油，但不是价格昂贵就是品种太少，因此我常在网上购买物美价廉、香气温和的精油（偶尔也买喜欢的罕见味道），并买齐所有的必备材料（乳木果油或蜂蜡），再用软膏加工。

制成软膏与直接使用精油相比味道更温和，连我们家正值青春期的少年也很喜欢。特别疲惫的日子、希望能平静的日子，擦上精油软膏就能一夜安眠。

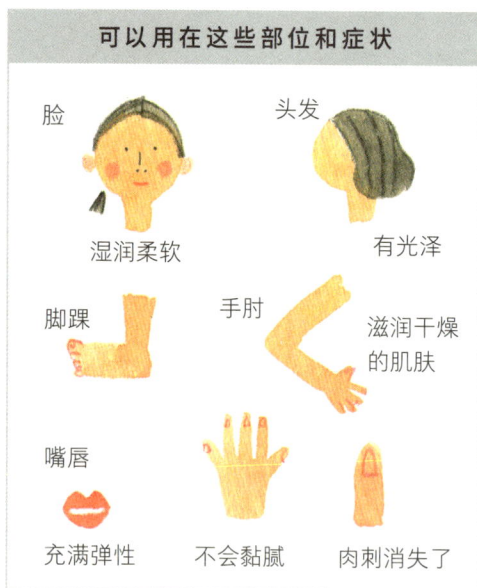

可以用在这些部位和症状

脸
湿润柔软

头发
有光泽

脚踝

手肘

滋润干燥的肌肤

嘴唇
充满弹性

不会黏腻

肉刺消失了

万用精油软膏，
只需混合就完成了

按所需分量装入
避光瓶。
↓
减缓油脂或精油的
劣化速度。

装入可随身携带的轻铝罐中。

材料
乳木果油
荷荷巴油
维生素E油
蜂蜡（以上各1大匙）
喜爱的精油10滴，
可以根据自己的喜好选购材料。

材料都能在
网上买到。

做法
1. 乳木果油和蜂蜡装入耐热
   容器内，用微波炉先加热1
   分钟，然后再视情况每次加
   热10秒。
2. 完全熔解后和荷荷巴油、维
   生素E油、精油混合，装入
   容器放凉即可。

SUNDOWN
NATURALS
VITAMIN E
OIL

促进血液循环的
维生素 E 油也有
抗氧化的效果。

心得▼▼▼自制精油软膏，可以做出价格合理、纯度高的香氛用品。

冥想＋默念促进血液循环

瑜伽课会在开始和最后时唱诵"Mantra"，就像祷告或唱圣歌一样。我听惯了以后，觉得很不错，也养成了在心中默念的习惯。

比如说，"从双脚间到头顶呈一直线""背脊挺直，想象天花板上有一根垂下的直线吊住自己""感谢自己的身体，以舒适的方式深呼吸"。持续同一个姿势觉得血液循环不顺畅时，只要开始唱诵，僵硬的身体就会慢慢舒缓伸展。

"或许是语言产生的魔法！"我借助默念，让血液彻底循环全身，要是也能让毛细血管更健康就好了。只要有空闲时间我就会继续默念。

一边用精油按摩脸部、颈部、锁骨周围，一边念着"活化淋巴"，或是边按摩头皮边念"白头发要变黑"，又或是搓揉松松垮垮的臂膀念着"脂肪通通消失"。我在心里祈祷着语言的力量进入身体。

所有的抗老化项目都和改善血液循环息息相关，即使到了80岁，只要身体有自愈力就会有效果。现在就开始借助语言的力量自我激励吧。

1 想象额头有一个小小的
圆圆的东西。

2 在心中默念想说的话，想象这个小小的圆圆
的东西在体内游走。

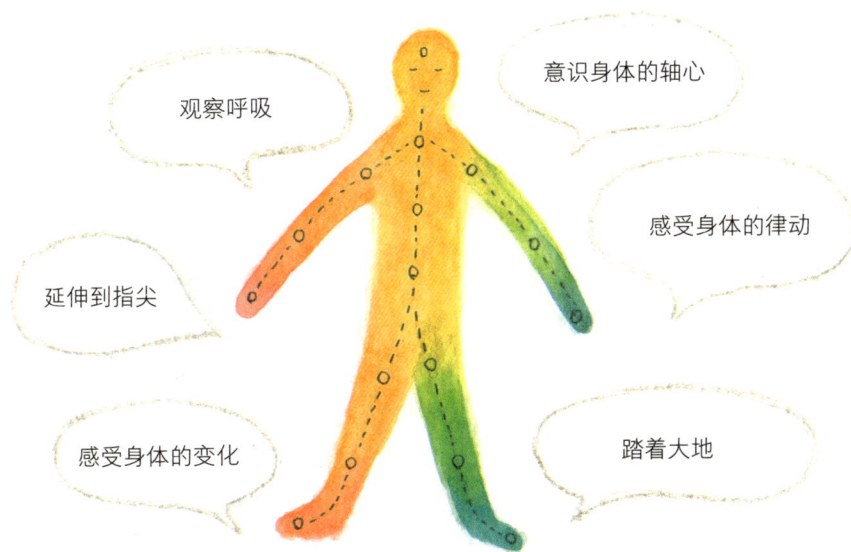

观察呼吸

意识身体的轴心

感受身体的律动

延伸到指尖

感受身体的变化

踏着大地

心得▼▼▼借助语言自我激励，就能真的变年轻。

69

改善身体健康的商品

摆脱化工品走向自然风，让身体更健康舒适。

无添加的香皂

不论洗脸、洗发、洗澡，全身都可使用的固体香皂。充分起泡后清洁全身，用水冲洗干净是关键。

润发乳

用香皂洗头发后，再用润发乳缓和干涩，头发会更柔顺。也可以用柠檬酸＋水自行调制。

有机草本染发剂

用温水混合后染白头发，更温和，不伤头发，不小心弄到衣服或皮肤上也可以洗掉。

牙线棒

手持"Y"字形后牙用的牙线棒，比线卷型容易使用。线很柔滑，不用担心伤害牙龈。

细毛牙刷

牙科医生推荐。前端极薄，刷毛细，能彻底刷到每一颗牙。我习惯在网上一次大量购买。

随身滤水瓶

带有过滤功能的水瓶。直接装入自来水，瓶口的过滤器有净水功能。上瑜伽课时使用。

健身棒

脊椎沿着健身棒躺在上面，能锻炼背部及肩膀一带，不仅是瑜伽，在家也能用。

门上单杠

装在门框上的运动器具，抓住后做引体向上能有效改善肩膀疼痛及驼背。我习惯一天做一次。

维生素E油

滋润肌肤的高浓度油脂。可以混合少量乳霜等使用。用在嘴唇等敏感部位时要特别注意。

衣服

—— 40岁后的时尚与装扮

选择服装的两大原则

过了40岁，身上开始有了些赘肉，以前的衣服穿起来很不舒服，因此更倾向于选择宽松的衣服。

虽然宽松的衣服没什么不好，但却无法享受打扮的乐趣。每天都随便搭衣服，似乎连心情也开始变得糟糕起来。

于是我干脆把不太喜欢的衣服，或是让小腹看起来特别突出的衣服进行断舍离。与其留着也许有一天还能穿的衣服，不如在衣柜里挂上现在穿起来好看的衣服，这样在穿搭时也会更开心。

决定放入衣橱的衣服有两个标准，一是设计上能展现自我风格，二是能修饰体形。所谓设计上的讲究，是指其他衣服没有的款式、颜色或工艺等。

我最近很喜爱一个品牌，其旗下的衣服在细节处剪裁十分独特，也许因为可以修饰体形的缘故，穿上后被朋友赞美"今天的穿搭很好看"。

优先选择穿一天也不觉得累的衣服，让肩膀或肚子不再感到束缚。上衣和长裤只要是同色系，搭配起来就会有整体感，看起来更利落，约会或开会都非常实用。

圆弧垂肩设计，
让臂膀看起来更纤细。

无领上衣让脖
子短的我看起
来比较清爽。

※ 垂肩设计指肩
线落在低于肩膀
的上臂处。

窄袖和衣身的层
次对照让手显得
修长。

后面的下摆
较长，可以
修饰臀形。

锥形裤让脚看起来
更修长。

老挝的传
统民族服
饰球球包。

宽松的连衣
裙以讲究的
小物来画龙
点睛。

舒适度极
高的手工
连衣裙。

选择剪裁优美，
穿起来无拘无束
的衣服

心得▼▼▼选择衣服时，要兼具设计感与实际穿着的舒适度。

73

选择直线型的服装，
让身形更利落

在试衣间的镜子里，我看起来就像一个巨大的御饭团……看来，我不得不面对变胖的现实。那么究竟什么样的衣服能让我看起来更修长？

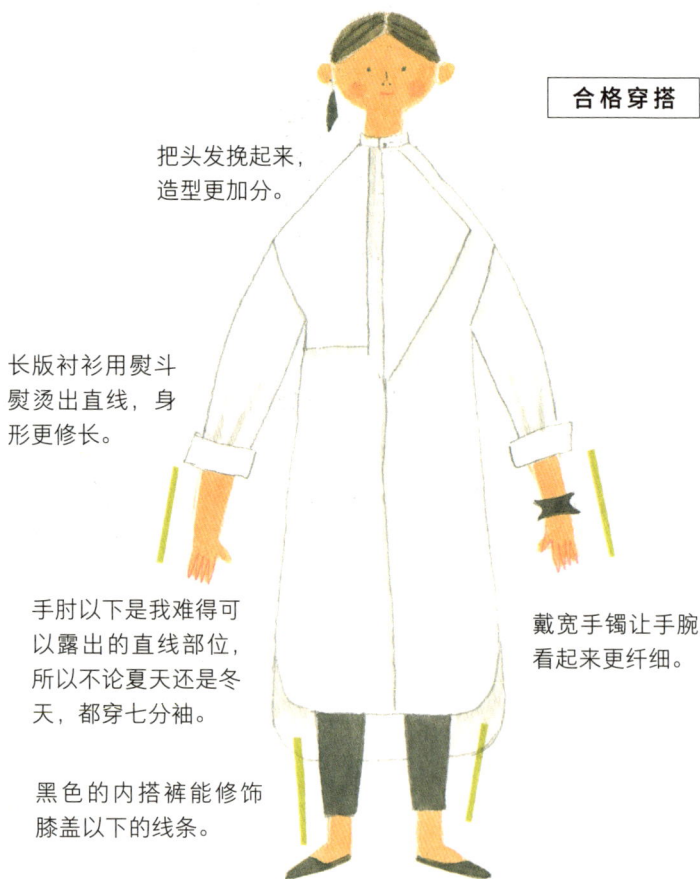

合格穿搭

把头发挽起来，造型更加分。

长版衬衫用熨斗熨烫出直线，身形更修长。

手肘以下是我难得可以露出的直线部位，所以不论夏天还是冬天，都穿七分袖。

戴宽手镯让手腕看起来更纤细。

黑色的内搭裤能修饰膝盖以下的线条。

首先，要避免轻飘飘、柔软的材质或剪裁，选择利落、直线的设计或材质。比如说选择长版衬衫时，首选看起来更瘦长的"Ｉ"字形剪裁，不要挑选宽摆的"Ａ"字形剪裁。

虽然没有必要选择贴身型，但松松垮垮的衣服，很容易给人邋遢的印象。其次，衬衫洗后不要皱巴巴的，用熨斗熨烫出利落的直线，看起来神清气爽。

再次，只露出身体的直线部分，例如颈部、手腕、小腿到脚踝部分。这几个部位因为肉少，露出来显得身体更加修长。

同一件上衣，长袖全部放下来和往上卷 10cm 相比，后者看起来更轻盈。另外，戴上宽版的手镯也能让手腕看起来更纤细。此外，露出脚趾不但看起来更有女性美，还修饰了腿形。

不及格穿搭

宽松剪裁的长版衬衫使人看起来更胖。

把直线部位完全遮住，给人圆滚滚而且松垮的印象。

露出使人看起来更修长的直线部位

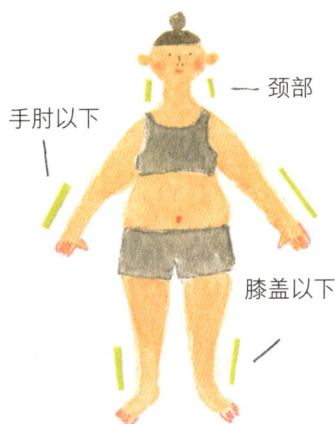

手肘以下

颈部

膝盖以下

袜子也能穿出时尚感

　　讲究脚下时尚的人有各自的方式，因为我无法穿丝袜，所以一直认为丝袜是成熟女人性感的象征。其实到现在，我依旧还没找到符合现在年龄的休闲穿搭方式。

　　有些女性可能会觉得短袜看起来很孩子气，不喜欢穿。不过，只要选择没有图案的基本款，就能搭配出成人的穿搭风格。全黑穿搭时，可以运用红色或青色作为反差对比色，营造时尚感。

舒适的短袜
可以很休闲

有学生般的
清爽感

运动凉鞋 × 灰色短袜

乐福鞋 × 深蓝短袜

走路不容易疲倦的运动凉鞋搭配短袜，意外地很适合裤子，整体穿搭轻盈、可爱。

白衬衫加上黑色百褶裙，有学生制服般的古典风韵，适合搭配深蓝色的短袜。

全黑穿搭的对比色

穿着裤装时
会显得更可爱

从脚踝算起15cm
的袜子搭配连衣裙
刚刚好。

稍微露出一点
肌肤是关键!

黑鞋 × 红色短袜

船鞋 × 白袜

全身黑色的穿搭，搭配红色的袜子，
立刻就能营造出时尚感。皮包及指
甲若能一起搭配更棒。

船鞋有时也适合搭配短袜，
虽然简单却能表现出女性可
爱的一面。

贝雷帽

开司米毛衣

毛衣

对襟毛衣

裤袜 短袜

平底船鞋

亚麻连身裙

内搭裤

牛仔裤

平价商品要注意弃旧换新

对于 47 岁的我而言，穿搭时最重视的是整洁感。因此最常穿的都是平价商品，弃旧换新的门槛很低。

原来很喜欢的衣服即使变脏、变旧也舍不得丢，或是花了大量精力和时间清理毛球、褶皱，效果却不怎么好，现在已经做到了断舍离。

第一印象
最重视的整洁感

CHECK 1
领口是否松垮

CHECK 2
是否起毛球

CHECK 3
有无褪色

CHECK 4
下身衣物
有无皱摺
或松垮的
状况

CHECK 5
平底船鞋脚尖的皮
革是否有裂缝

尤其是这几年，每隔 2~3 年就会买来替换的衣服是开司米毛衣。它的触感、保暖程度、设计，以及清洗也不容易起毛球等优点，确实让我很满意。

只不过，我不想总是和别人撞衫，所以买的平价商品只限短袜、打底裤，以及作为内搭的上衣和基本款的牛仔裤。关键在于把喜爱的衣服搭配好，整体看起来就不会有廉价感。

弃换速度大约是，1000 日元左右的单品一年一次、4000 日元以上的衣物两三年替换一次。我把这笔费用当作必要支出，每一季大约花 1 万日元弃旧换新。

另外，偶尔也挑战一下流行商品。由于平价商品很适合挑战穿搭组合，所以随时不忘追求流行也是一种乐趣。

心得▼▼▼通过平价商品的弃旧换新，轻松打造穿搭的整洁感。

手作饰品要注意材质

提到手作，或许联想到的都是很难做或看起来很廉价，其实只要选择素材时多注意，就能做出成熟有特色的作品。

年轻时，对于这种好像是在表现自我的事情有些抗拒，但我近年来反而能堂而皇之地表现出自己有这样的兴趣了。

因为手作是独一无二的，别的地方绝对买不到。与人初次见面时还能以此代替自我介绍。这里就介绍 3 种适合新手的手作饰品。

裹珠项链

建议使用
麻布或丝绸

材料
4cm × 132cm 的布料
直径 12mm 的树脂串珠 30 个

做法
1. 把布料对折，从尾端缝至 20cm 的位置，留 10cm 返口。
2. 缝好以后，使用筷子等工具从返口翻面。
3. 两端留下绑带的长度（35cm），然后从返口放入串珠。
4. 把线和串珠用针穿好，约回穿三次把串珠卷紧。
5. 重复步骤 4，把串珠一个一个固定好。
6. 把 30 颗串珠都固定后，收好返口。

注："返口"为缝纫用语，指缝成袋状主体翻到正面时使用的开口部分。

缤纷绒面革耳环

为穿搭带来画龙点睛的效果

材料
绒面革5cm×10cm
圆形耳环

做法
1. 绒面革按照右侧样式裁剪40片，用粗针钻洞。
2. 把1穿入耳环。

【耳环样式】

球球包

材料
毛线（长度可依想要的大小或密度调整）

做法
1. 准备一截瓦楞纸，长度即是你想做出的毛线球的直径。
2. 在瓦楞纸上缠毛线100次左右。
3. 把缠好的毛线从瓦楞纸移开，中间绑好。
4. 上下用剪刀剪开，整理成球形。
5. 缝在篮子或布包上，或是以同样的毛线穿过去绑好。

巧妙遮盖受损毛发

除了白发，头发也会带来其他的烦恼：前额的发量太过稀疏，或是毛发又细又软、触感毛燥、自来卷到处乱翘。

除了改变洗发、染发等方法之外，也可以稍微在每天的穿搭上下一点功夫。我最喜爱的是特本头巾和贝雷帽。特本头巾不但能自然地掩饰受损的头发，也能成为穿搭时的亮点，是我爱不释手的穿搭单品。

特本头巾也可以自己动手做，只要把细长的布条缝在一起，30分钟就可以完成。麻布或灯芯绒做的头巾都十分百搭，很适合用来遮盖新长出来的白发。

贝雷帽则适合根据季节来挑选颜色，它不但能让头看起来较小，也能增添时尚感。帽子不但是时尚穿搭的重点，还能提升穿搭的整体感。

另外，太阳穴或发旋长出些许白发时，可以使用补色发饼，只需用刷子或粉扑涂抹就可以补色，非常方便。时尚的产品外包装也非常加分，我曾经买来送给母亲，她非常喜欢。

特本头巾

材料
20cm×105cm的布料

做法
1. 布料对折，留出返口缝合。
2. 里外翻面，缝好返口。

不让耳朵露出来，
看起来比较成熟。

白发用补色发饼

大小以可以伸进一
根手指为准。

贝雷帽

黑色或灰色
等基本色更
容易搭配。

用刷子边涂抹
边刷淡。

送给妈妈当礼物，
她非常喜欢。

遮住单边
的耳朵。

用单边耳环打
造视觉平衡。

心得▼▼▼用时尚单品遮掩头发的缺点，方便又开心。

83

绑发看起来更精神

若是头发毛躁、自来卷，就算是留直发也需要认真打理，而且一旦过肩，通常就得花 20 分钟以上的时间打理好才能出门；如果留短发，两个月就要修剪一次才能保持清爽利落。对于怕麻烦的我来说，还是尽可能保持中长发，能轻松整理、改变造型，头发看起来也有光泽。

研究之后发现梳成马尾最好，只要 5 分钟就能轻松完成，对于在早晨十分忙碌的我来说真的很方便。只不过，要是没绑好看起来就很邋遢，所以我参考很多时尚的绑法并做了各种尝试。

推荐的发型有两种，一种是绑在比耳垂稍低的位置，头发盖住耳朵，展现古典风情，看起来更沉稳。另一种绑法是和耳朵平行，给人活泼开朗的印象，再高反而给人故作年轻的感觉。

整理好比较短的发丝是关键。绑发前可以先将香氛膏（参考 66 页）在手上搓搓后均匀涂抹在头发上，这样就连两侧的头发也能轻松收拢起来。另外，这两种绑法最后都要营造出自然感。绑好马尾辫后，单手按着扎住的位置，另一手在上方各处稍微抓一抓营造蓬松感。抓的方向可参考右图，简单几个步骤就能立即呈现出自然的感觉！

想塑造优雅沉稳的形象时

用手大致梳理。

按着扎住的位置，抓一抓上方营造自然感。

按着扎住的位置，把后面塌陷的头发稍微往上抓；将侧边的刘海拉出垂在耳际。

使用发蜡让无法收拢的头发看起来也能有光泽。

绑在比耳垂低的位置，头发盖住耳朵看起来比较时尚。

梳理过紧反而显得老气。

想看起来更年轻有朝气时

后方的头发稍微抓一抓，营造蓬松感。

按着扎住的位置，把头发朝上稍微抓出一点。

扎的位置和耳朵位置平行。

头顶蓬松，侧边头发扎紧。

无法收拢的头发零乱分散，看起来有疲惫感。

脖子上方发量过多，看起来老气。

心得▼▼▼重点是光泽及自然感。避免毛燥，让头顶自然且蓬松。

85

尝试不显老的淡妆

　　我的化妆方式也改变了很多。我从 5 年前便不再使用粉底，而是用 CC 霜打底。越来越严重的细纹、黑眼圈，以及粗大的毛孔，粉底涂得再厚也遮不住了，甚至越抹越明显，于是我决定干脆不用粉底，只用隔离霜。

　　没有遮瑕效果的隔离霜，反而能让肌肤呈现出自然光泽，化完妆后看起来更自然、不显老。上淡妆后能看得出脸上的血色就够了，也为肌肤减轻了负担。

　　腮红和眼影要选择滋润型，口红则要放弃雾面唇膏。我现在喜欢用看起来较有润泽感的唇蜜。眉毛、眼线、睫毛膏如果用黑色就会看起来很突兀，不自然而且显老。接近虹膜颜色的产品，会使眼眸看起来更漂亮，所以我基本只使用茶色。

　　另外，化妆前的按摩很重要。用精油轻轻按摩整张脸，化妆后看起来会更有光泽感。

基础化妆

BASE MAKE

不使用粉底的基础化妆

能呈现自然的光泽

CC 霜

赶走暗沉

幻彩流星蜜粉球

用温水就可以卸妆

BB 霜

化妆重点

POINT MAKE

化妆重点就是不使用黑色。

眉笔

眼线笔

液状眼线笔

腮红＆口红

玫瑰防晒护唇彩蜜

唇蜜

波光唇蜜

茶色睫毛膏

睫毛膏

看起来反而显老的化妆方式	停用
粉底涂得太厚、涂眼影 突显眼部的化妆品 没有润泽感的唇部化妆品	粉底 黑色眼线笔、睫毛膏 雾面唇膏

在家做美甲更开心

精致的指甲能展现出个人的时尚品位。闲暇的日子，涂一涂指甲油就能让心情愉悦。相反，当指甲油剥落、斑驳时会很在意别人的邀约，与其顺路到美甲店，我更喜欢在家每星期保养一次。

修指甲时最重要的是选择适合指甲形状的设计。指甲圆而短的人，建议修成弧形。我最喜欢红色，但通常只在指甲前端涂一点。不过，配合耳环或睫毛膏来调整颜色会更棒。

不论任何颜色都不要过度抢眼。沉稳却具个性化的色彩，对指甲感到自卑的我也可以玩得很开心。相反，指甲细长的人可以修成方形或尖形，米色或灰色等接近肌肤的单一色彩是她们的专利。

涂完指甲油后，要再涂一层护甲油，没有时间的话，推荐可在家DIY的凝胶美甲，配合有干燥功能的美甲光疗灯，只需30秒就可以让凝胶固定。不过要注意的是卸除方式，粗暴卸除会伤害指甲，务必使用专用的锉刀。

短指甲也强烈推荐

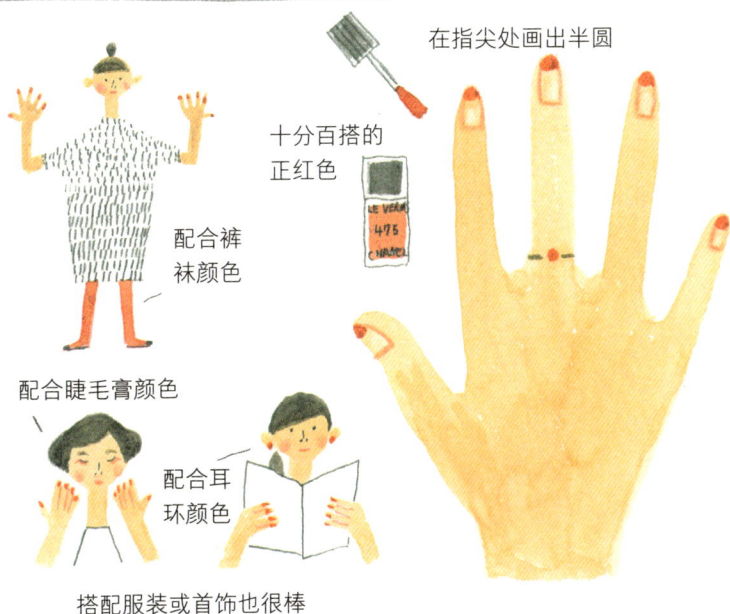

在指尖处画出半圆

十分百搭的
正红色

LE VEAU
475
CHANEL

配合裤
袜颜色

配合睫毛膏颜色

配合耳
环颜色

搭配服装或首饰也很棒

以凝胶美甲代替护甲油

有了美甲灯,
30 秒就能完成,
十分方便。

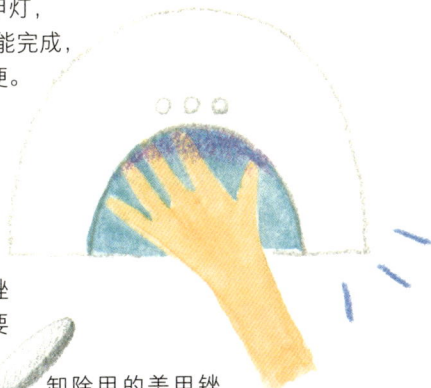

保健品

可以在医
生的指导
下,适当
地吃一些
保健品。

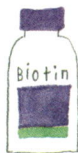

Biotin

卸除时使用锉
刀,注意不要
磨得过度。

卸除用的美甲锉
刀大约 700 日元
就可以买到。

速干,赶时间
时非常方便。

不太容易产
生指甲分层
的状况。

心得 ◀◀◀ 修指甲或做美甲,都能在家 DIY。

89

保养后双脚看起来有
光泽又年轻，搭配凉
鞋效果更好。

涂上合适的指甲
油更有活力。

舒适且时尚的足部保养

　　保养肌肤时千万别忘了足部，尤其是脚踝。夏天穿凉鞋出
门的机会很多，脚跟及脚趾附近的皮肤若是干燥、粗糙，看起
来就很老气。

　　每年夏季前，我都会仔细做一次足部去角质保养。最简单、
轻松的方法就是在加入去角质剂的专用足膜中泡 30 分钟，不会
痛也不会痒。一星期后粗糙的脚皮就会逐渐脱落，恢复柔滑粉
嫩的肌肤，之后只要做好保湿即可。

　　我习惯用维生素 E 油混合乳木果油后按摩。保养后柔嫩有
弹性的肌肤真的很舒服，为了追求时尚，也很乐于持续保养。

冬天由于天气干燥，脚跟的皮肤同样会受损，常常龟裂、疼痛，后来有了电动磨皮机，能够毫不费力地进行保养。这是过去没有的轻松产品呢！

细致的滚轮削去粉末状的角质，磨去硬皮后，就像是请了专业美容师来做保养一样。

不会像浮石或锉刀那样磨完后有种粗糙感，而且可以自己调节力度，能放心使用。不过，这些去角质的方法对肌肤敏感的人来说还是比较刺激，务必详细阅读注意事项，尝试使用时仔细观察肌肤的状态。

冬天使用电动磨皮机保养粗糙的脚跟

儿子送的生日礼物，有点感伤……

角质像雪花般飞落堆积……

干湿两用电动修足器

夏天前的去角质保养靠足膜

穿上含有药剂的足膜 30 分钟

一星期后就会变得光滑柔嫩。

简易足膜

心得▼▼▼ 一年两次的足部保养，能让脚部柔顺光滑。

40岁后推荐的美容用品

最重要的是自然感和润泽感,从基础保养到彩妆,
时尚也可以很简单。

白发用补色发饼

发际线、太阳穴附近等处冒出白发时使用,十分方便,只
需用粉饼拍一拍,就能轻松补色。

眼线笔

黑色的看起来会有些突兀,建议选择与虹膜相近的颜色,
恰到好处的色彩与肌肤相称,让眼睛更有神。

蜜粉球

可呈现自然的光泽,不会过度闪亮,能带走肌肤暗沉。有
时只需擦防晒霜和它即可。

防晒底霜

只需涂上薄薄的一层就能呈现光泽明亮的肌肤,SPF30
PA+++的防晒底霜,质地轻盈,把脸洗干净就能卸除也
是一大优点。

玫瑰防晒护唇彩蜜

可以同时作为腮红及唇蜜使用的优良化妆品。建议选择
能让气色看起来更健康的红色。

指甲油

能均匀上色,成膜时间短,能维持色彩亮泽度并提升持
久度,是我喜欢的原因。

保健品

让头发、指甲、肌肤都更健康的保健用品,原本容易断
裂的指甲现在变得健康了。建议在医生的指导下使用。

干湿两用电动修足器

能在药妆店轻松买到的电动角质磨皮机。因为是电动的,
可以均衡地磨掉脚皮。秋冬更要加强使用频率以保有柔
嫩的美足。

足部去角质剂

加入去角质药剂,浸泡后冲洗即可,过几天后角质就会
开始剥落。每年夏季前使用。

4

好奇心

—— 10年后也实用的生活小妙招

恢复写信的习惯

　　以孩子为轴心的生活，活动区域几乎都是在家里或家附近，活动范围被压缩得很小。日常联络来往的对象大多是以家人或朋友为主，基本上都是线上联络，大家在群聊中交换各种信息。

　　就在这时候，我收到年纪比我小的女性寄来的明信片，不是通过电子邮件或社交网站传递过来的，而是传统信纸！这让我非常开心。我原本就喜欢自己动手做东西，这张明信片让我想起通过信纸交流时的兴奋和期待。

　　抱着好奇心去挑战过去从未体验过的新事物，门槛确实有

FUMIKOU

三角文香的制作方式

材料
· 一张折纸可做4个
· 棉花
· 喜爱的精油

点太高。但若是以往就很喜爱的事情，要重新起步就不是那么难。对我来说，其中一项就是写信。光是准备写信能用到的文具，我就很开心，还能真实感受到重新找回自己的时间及习惯的快乐。

另外一项我十分热衷的事情是以和纸薰香制成"文香"。将文香和信纸一起放入信封，是从日本平安时期（794—1192）开始流传的传统文化。

虽然老铺也售卖和纸，但我更愿意使用日常生活中的闲置物品来制作。选择喜爱的精油滴在折纸上，和信一起放入信封，希望能把怡人的香气与心意寄到收件者手中。

1. 在1cm大小的棉花上滴上精油。

2. 裁成1/4的折纸对折，放入步骤1的棉花。

3. 从中心点折出60度角。

4. 背面也折出60度角。

5. 翻面在✳的位置折出折口中。

6. 边角折入步骤5所折出的袋状折口。

7. 完成。

Autumn

枫叶

Winter

菝葜

Spring

金合欢

通过枝叶装饰
感受季节之乐

　　屋子里布置出季节感，也会让心情随之振奋起来。虽然装饰鲜花也是一种方式，但我最近更喜欢用枝叶来布置。除了照顾起来更简单，也比鲜花更持久，可以欣赏好几个星期。

　　只是单独一枝，也能呈现出如画一般的动态气势。生气勃勃的叶子在屋子里生长能使人心情放松，有些品种甚至会冒出新芽、开花甚至结果，多重变化的乐趣也是枝叶的魅力所在。也许有人认为若是以枝叶来布置，顶多只能在春夏间实行，其实春天可以插盛开后的金合欢、桃枝，夏天则是叶片翠绿的吊钟花，秋冬是结红色果实的菝葜。

　　近年来，花店里花草的种类繁多，一年四季都能挑到不同的植物放置在家中。因为枝叶的色彩较少，所以能与不同的装修风格搭配。有些鲜花的色彩及造型都比较强烈，可能无法融入室内环境，但以枝叶布置就没有这个顾虑了。

　　养成用枝叶装饰的习惯后，我买了有丹麦皇室认可的皇冠标志花瓶。它的稳定度高，插入大型枝叶也很简约美观，到花店挑选采购成了一大乐事。

大胆地使用吊钟花作为装饰放在桌子正中央，空间更舒适、更开阔。

心得▼▼▼枝叶比鲜花更好照顾、更持久，很适合怕麻烦的人。

以 # 搜寻感兴趣的话题

开始玩 Instagram 到现在已经 3 年，它对我来说已经是不可或缺的社交 App 了。除了自己发布内容外，搜寻兴趣相关的信息也很方便，很容易找到和自己志趣相投的人。

只要打开 App，就像浏览个人专用的杂志一样。美术馆、咖啡馆、旅行地点、美食等，常常觉得"这个很不错""这个好棒"，令人忍不住想要去店里看看。

在 App 中搜索信息也很方便，不仅能看到文字介绍，更有丰富的图片。用"#"加上关键字查询，就能找到以相同关键字上传的信息，对于凭直觉思考的我而言，能够一目了然，实在很方便。

比如说想找地道的印度咖喱时，以"#"查询，就能从一大堆照片中找到喜欢的内容，确认餐厅位置、就餐氛围、排队状况。查询、发现、拟订计划一气呵成，采取实际行动变得更容易了。

\# 在家吃饭

\# 旅行

\# 手作耳环

\# 植物

社群媒体就像任意门

喜爱的照片使用照片编辑 App 制作相册非常方便。

可以随时获得最新资讯。

就能建立新的相册。按下这个按钮，

iphone

心得▼▼▼用关键字查询，就能更快速地找到自己感兴趣的信息。

参加体验型讲座，
开启好奇心的大门

"workshop" 在日本指的是体验型活动，不仅是聆听或观摩，还可以亲自制作、书写、品尝。

最近常在社交 App 或书店、杂货铺等看到这类活动的介绍。但我最常参加的还是本地主办的活动，有许多超乎预期的有趣策

祈求丰收的可爱饰品

用上新粉制成

过年装饰的茧玉
（年糕花）

划。包括鱼板雕花装饰、注连绳制作等季节活动，以及香道教室、北方民族编织、农作体验等没有季节限制的活动。

参加者的年龄有老有少，即使独自参加也能很快融入进去。活动信息通常都刊登在社区报导中，我会先从头看到尾，再打电话或写明信片申请。而书店或杂货铺主办的时尚体验型讲座，邀请友人一起参加就不会觉得紧张，也能乐在其中。

另外，绝对要推荐的是在旅游地点参加体验型讲座。我曾在宫古岛及老挝参加过料理体验讲座，在当地市场买菜，料理第一次看到的食材，与当地人一起品尝，这是一般旅行无法拥有的体验，亲身感受当地生活正是乐趣所在。

在老挝旅游时参加的体验讲座

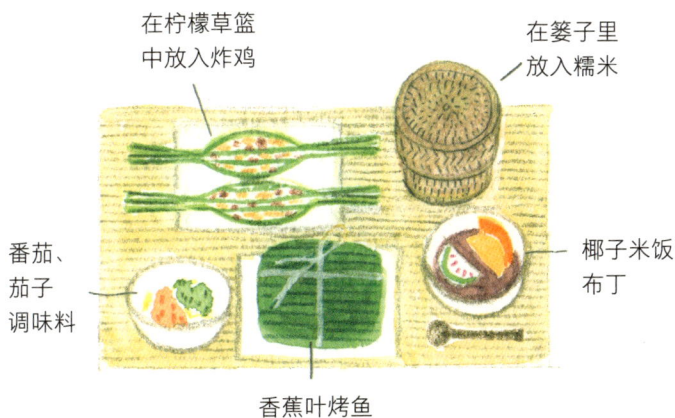

用番茄和茄子
制成调味料

搭车去市场买菜

体验在丛林中
做料理

在柠檬草篮
中放入炸鸡

在篓子里
放入糯米

番茄、
茄子
调味料

椰子米饭
布丁

香蕉叶烤鱼

地点	老挝琅勃拉邦	时间	6 小时
主办	Tamarind 饭店	费用	3700 日元

心得▼▼▼还有很多未知的体验，有兴趣就别害怕，大胆尝试吧！

101

尝试二手交易平台

　　很多同样是家庭主妇的朋友，会趁照顾孩子的空当自制包包或饰品放到网络上售卖。接下订单，与顾客沟通之际，不断产生下一件作品的创意，大家都非常开心。

　　利用手机就能简单售卖商品，也可以购买自己喜欢的东西，每个月不需要固定费用，即使初学者也能轻松使用。我有时会在上面购买一些手工饰品或古董珠宝。

buy 我买下的物品

¥12000

手作提篮

¥2000

藤制手镯

（在社交 App 上看到后直接私信和创作者交易）

¥1800

阿富汗串珠刺绣手环

找到属于自己的独一无二作品。

血红珊瑚戒指

¥2000

二手交易平台上售卖的商品稍微多一点，我也会使用它处理家中不穿的衣服。

使用前还以为寄送会很麻烦……但随着物流行业的发展，一切都变得简单且方便了。

有时在社交 App 看到很喜欢的手工杂货，也会问对方是否愿意出售。也曾有人在我的社交 App 主页看到我的画和作品，就直接跟我下单。现在只要有行动力，就能自由买卖，实在是十分便利的时代。

Sell 我售卖的物品

不时推出已经不穿的
衣服、鞋子

也会售卖孩子
的旧衣服

家庭绘画

上传到社交 App 时，
喜爱这件作品的人
就会表示想购买。

都是在自己
的网络商店
售卖的商品。

NET SHOP

欢迎
光临!

心得▼▼▼ 网络世界比想象中简单，跨出一步与人的联结就无限扩展。

103

没事就出门溜达溜达

出门办完要事后，如果有 1~2 个小时的空当，那么此时就是点燃好奇心的好机会。我常做的事情是地毯式漫步闲逛。在居家用品中心的手工艺品楼层或百货公司的地下生鲜用品卖场，平时买了想买的商品后就走了，这时候就能自由自在地四处走走看看。

这可以给生活带来新的刺激。抛开"再往前走也没什么值得看的""应该不会有我想买的"等先入为主的成见，尝试从平时不会去的卖场开始探索。

到平时常去的地方，也抱着第一次前来的心情悠闲漫步，往往能有一些新发现，"原来现在流行这样的设计啊！""虽然曾听说过，原来实体有这么大！"这些迫不及待想与人分享的惊喜，让我乐而忘返。

另外，付诸行动时也有诀窍。那就是当发现在意的东西时，立刻把使用场所、时间、频率在脑海中模拟一遍。即使是怕麻烦的我，也会凭此确认购买意愿。若是有购买的欲望便买下试试看。下面介绍一下最近我在"地毯式漫步闲逛"中发现的热门商品。

books

craft

stationery

我想到了！

travel

beauty

health

bag

party

kitchen

漫步闲逛发现的商品①
"皮革专用染料"
发现场所：台隆手创馆
步行时间：1~2小时

    虽然在这里逛过好几次，但我还是想着也许会发现一些新东西或是没有去过的地方。在手工皮件卖场闲逛时，发现了一款皮革专用染料。"初学者也能在家自行染色"让我非常兴奋，用两三分钟在记忆中寻找家里有没有可以尝试的物品，这时我想起收藏在衣柜里的旧皮鞋和旧皮包，便买来准备试试看。一试之后非常满意，新颜色非常符合我目前的年龄，物品宛如有了新生命。

漫步闲逛发现的商品②
"帅气又有女人味的白衬衫"
发现场所：LUMINE（车站大楼）
步行时间：2小时

    办完事之后多出的时间，放松一下喝杯茶也非常不错。但为了寻求要多一点刺激，还是去了车站大楼，专心寻找一件一直想要却因没找到合适的而放弃的白衬衫。平时穿的衣服总是买自己喜爱的品牌，所以只会去固定的商店选购。这次为了不错过任何可能性，所以逛遍了整个女装楼层，终于找到了一件理想的白衬衫，拿到时有一种成就感，觉得自己真是没白走一趟。决定想要什么物品后，寻找就会变得很有意思。

漫步闲逛时发现的商品

皮革染料 → 染后物品焕然一新

加 5~10 倍的水稀释，重复上色。

クラフト染料

不好搭配的米色船鞋。

染成黑色后，就经常派上用场！

色彩太鲜艳，使用机会不多。

稳重的色调较好搭配。

帅气又有女人味的白衬衫

打开扣子，敞开领子就很有女人味。

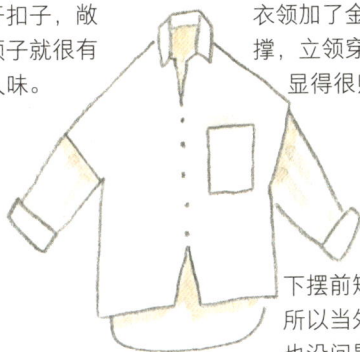

衣领加了金属领撑，立领穿着时显得很帅气。

下摆前短后长，所以当外出服也没问题。

NG

基础款的设计看起来很胖。

NG

不喜欢显腰身的设计。

尺寸大一点更好穿。

BUY

心得▼▼▼开发以往不感兴趣的领域，能使眼界更开阔。

开始属于自己的夜晚生活吧

晚上开始拥有自由的时间，是这几年最大的变化。以往晚饭后，都是在沙发上折叠洗好的衣服。虽然我也喜欢边看电视边悠闲地做家务，但是有时间外出，能拥有属于自己的时间，是件格外奢侈的事。

我从一年前开始就经常在家附近上热瑜伽课。把孩子送到补习班后，我也要出发了。骑上自行车，夜风迎面而来，脑袋放空后格外畅快。

上完热瑜伽课，还可以在图书馆悠闲地看小说，或是餐后闲逛一下帮助消化，散步似地一直走到一站地以外的公共澡堂，以往根本没想过天色暗了还可以到处走走，光是走 15 分钟，就觉得全身轻松，心情畅快。

回家时恰到好处的疲劳，让我睡得更好。我也常去一些附设了咖啡厅的书店，就算一个人去也不会不自在。稍微喝杯茶就能有悠闲好心情，很适合刚开始尝试夜晚外出的人。

家人都外出时，一个人在家读书、学习也很不错。Word、Excel、Photoshop 等电脑软件，可以拨出时间来专心学习。若是夜晚有两个小时的自由时间，你想做什么事情呢？

心得▼▼▼得来不易的自由时间，就为了自己尽情利用吧！

妈妈友变成人生挚友

妈妈友对于身为母亲的我来说，是非常重要的朋友。这样的称呼似乎有些随便，但来自全国各地的妈妈们，在同一个地区，抚育着年龄相近的孩子，年龄、职业都不相同，能成为朋友是件值得庆幸的事。

或许再过几年就不会再有结交妈妈友的机会了，孩子一旦到了其他学校，妈妈们自然而然就不会再来往。没错，结交妈妈友是有时间限制的。

彼此住在骑自行车就可以到的距离，非常方便。彼此了解双方家人的情况可以轻松地做出邀请："要不要顺便到家里坐坐？""等一下一起吃个午饭吧！"因为对彼此的家人也很清楚，与其说是因为孩子而结识的友人，更像是孩子的阿姨。

前阵子和一个妈妈友在吃完午餐后，换个地方聊了 4 个小时，还被女儿取笑说："你们是高中女生吗？"但我认为和妈妈友无须顾虑彼此的交往是维系友谊的重要活力来源。

长大后要从零开始缔结人际关系是件困难的事，但妈妈友是在人生的最艰难时期，一路共同努力的战友，今后也是很重要的友人。

最近话题的核心是同
性、同年龄段共有的
身体变化。

心得▼▼▼彼此了解的朋友，联系感特别强。

111

规划家庭年表

思考未来的种种时，想起以前写过的"年龄年表"：以现在的年龄推算，对未来的十年做出规划。

想象那时候会（想）住在哪里？（想）做什么事？为此需要准备什么？一一写下来。十几岁时，写的是 28 岁结婚、30 岁生子、40 岁开一家杂货铺等。结婚后连家人的年龄也一起写下来，做成了"家庭年表"。

以往遇到生育、孩子入学、老公换工作等关键的大事，便写下来重新修正计划。近年来再度调整家庭年表是因为孩子即将离家，不再与父母同住，所以开始觉得应该拟定今后的人生目标。

现在我和老公 47 岁，十年后就 57 岁了，女儿 29 岁、儿子 24 岁、父亲 84 岁、母亲 80 岁。女儿那时或许正在工作，甚至已经结婚了。儿子是否已经习惯了工作？年迈的父母是否还健康？

把大家的年龄一一写下来，就能知道未来父母的经济状况、回家乡居住的可能性等。有些朋友会搬到自然环境优美的地方，或是为了照顾父母而回到故乡。因为都是现在无法立刻决定的事项，让我们根据家庭年表，开始一一思考未来的计划。

2026 年养儿育女的任务结束。

55 岁开始做自己喜爱的事！

光写父母的年龄就想哭……

	我	夫	女儿	儿子	房子
2018	47		19（大一）	14（初二）	东京租借独门独户四人同住
2019	48		20（大二）	⑮（初三）	
2020	49		21 ？	16（高一）	
2021	㊿ ←女儿的教育⑍		㉒ ？	17（高二）	
2022	51		23	⑱（高三）	
2023	52		24	19（大一）	
2024	53		25	20（大二）	
2025	54		26	21（大三）	
2026	55 ←儿子的教育⑍		27	㉒（大四）	可能住在大阪？
2027	56		28	23	
2028	57		29	24	
2029	58		30	25	
2030	59		31	26	
2031	60（还历）		32	27	

	父	母	房子
2018	74	⑩←古稀	在大阪的公寓，过着二人生活
2019	75	71	
2020	76	72	
2021	77	73	
2022	78	74	
2023	79	75	
2024	⑳←	76	
2025	81	77	
2026	82	78	
2027	83	79	
2028	84	⑳←伞寿	
2029	85	81	
2030	86	82	
2031	87	83	

写下年表后，浮动的心情就稳定下来了。

看着年表，就下定决心要让身心保持一辈子都能健康工作的状态。

心得▶▶▶房子、钱、照顾父母等人生大事要及早安排。

珍惜每一次的重逢

阔违20年重逢的朋友,到东京时顺道来我家拜访。

我最近开始安排和快 20 年没见的朋友见面，她们都是我在成为母亲之前认识的友人。可能是因为彼此都不必再担心照顾孩子了，所以能够轻松地见面。

社交 App 让我们重新联络了起来，得以再次见面。线上聊聊天，互相交流现状，即使没碰面，也能安心、带给彼此勇气。虽然居住地、工作不同，不过一谈到健康或父母，多半都十分热络，或许这些都是只有这个年龄的人才有的情况吧。

不可思议的是虽然已经很多年没见面，但一旦开始交谈，就能立刻找到当年的自己，心情极为愉快。而大家各自累积着不同的人生经验，也能交流不同的新资讯，像是暗号般不约而同地说出："我们要活出快乐的 50 岁！"

养儿育女的时期结束，重新找回自我的时候到了。大家充满了兴奋与期待，仍处在养儿育女中的人比任何人看起来都更有活力地说"我还要继续加油"；离婚的人则是"我还要再找新恋情"，展现自己的魅力。

虽然重逢会有些紧张，但它是开阔视野的宝贵机会。为了家庭努力了将近 30 年的我，终于能够在家庭以外创造自己的空间，我相信这一定能为我的人生带来更多的快乐。

终于能拥有从容不迫的生活了。不再把自己摆在第二位，以自我为第一的人生，正在一点一滴地开始。

心得▼▼▼现在是最充实的时刻，重视自己的生活。